egalo

Para:

_____

De:

_____

Fecha

_____

● ● ● ● ● ●

mujer, ¡apriétate el cinturón!

es tiempo de "ajustar" tu vida...

norma pantojas

EDITORIAL UNILIT

Sepa

Publicado por
Editorial Unilit
Miami, Fl. 33172
Derechos reservados

© 2010 Editorial Unilit
Primera edición 2010

© 2010 por Norma Pantojas
Todos los derechos reservados.

Editora: Gizelle F. Borrero
Fotografía de la autora: Willie Sepúlveda
Peinado y maquillaje de la autora: Willie Negrón Hair Designer
Diseño de la portada e interior: Ximena Urra
Créditos de fotografía e imágenes de cubierta e interior:
Beata Becla, Mates, Ellen Beijers, Slavoljub Pantelic, Felipe B. Varela
Usadas con la autorización de Shutterstock.com.
Used under license from Shutterstock.com.

El texto bíblico ha sido tomado de la versión Reina Valera © 1960 Sociedades Bíblicas en América Latina; © renovado 1988 Sociedades Bíblicas Unidas. Utilizado con permiso.
Las citas bíblicas señaladas con NVI se tomaron de la Santa Biblia, *Nueva Versión Internacional.* © 1999 por la Sociedad Bíblica Internacional.
Las citas bíblicas señaladas con TLA se tomaron de la *Biblia para todos,* © 2003. Traducción en lenguaje actual, © 2002 por las Sociedades Bíblicas Unidas.
Usadas con permiso.

Este libro no pretende sustituir la visita a un profesional de la conducta.

Producto 495744
ISBN 0-7899-1801-3 / ISBN 978-0-7899-1801-7

Impreso en Colombia
Printed in Colombia

Categoría: Vida cristiana/Vida práctica/Mujeres
Category: Christian Living/Practical Life/Women

Elogios

"Norma nos ofrece un refrescante compendio de reflexiones para el diario vivir. En estas encontramos fortaleza, consuelo, ánimo, exhortación y sobre todo mucha inspiración. Cada tema está cuidadosamente seleccionado para satisfacer las necesidades de la mujer actual, independiente de la etapa que esté viviendo. Son temas relevantes, de nuestra cotidianidad con los cuales nos podemos relacionar fácilmente. La introducción de citas de autores reconocidos así como anécdotas personales enriquece la lectura, haciéndola amena y deleitosa.

Claramente podemos percibir a una Consejera de Familia con gran experiencia en temas que atañen a la mujer, pero sobre todo sentimos a una madre que se ocupa del bienestar de sus hijos con consejos sabios, inteligentes, bien pensados y más que nada cargados de revelación divina. En forma clara y franca entramos a temas delicados como la violencia doméstica, el abuso y aun el adulterio, proveyendo soluciones efectivas y contundentes.

En pocas palabras y cortos pensamientos tenemos un manual de instrucciones, un tesoro, lleno de sorpresas preciosas que traen refrigerio a nuestra alma y nos animan a seguir adelante, a ser mejores personas todos los días y desarrollarnos en todas las áreas de nuestras vidas disfrutando al máximo el regalo de la vida".

Lic. Juanita Cercone C.
Abogada y Notaria Pública
ENLACE

dedicatoria

Dedicatoria

A mi mamá, Carmen
Cartagena, quien con su
ejemplo nos enseñó a ser
mujeres comprometidas con
Dios, con nuestros esposos
y con nuestros hijos.
Con ella aprendimos el
verdadero significado de lo
que es ser una verdadera ama
de casa y una mujer firme.
Ella ha sido especial tanto en
la vida de nosotros, sus hijos,
como en la de sus yernos, sus
nietos y sus biznietos.

contenido

Contenido

Mujer, ¡apriétate el cinturón!

introducción

Introducción

Querida amiga:

El tema de la mujer ha sido una prioridad en mi vida porque siempre he reconocido el papel protagónico que nosotras desempeñamos en el mundo en que vivimos. Sin embargo, muchas mujeres viven sin advertir el enorme poder de persuasión que tenemos para influenciar a cada individuo, a la sociedad y al mundo entero. Por esa razón, se han rendido ante las circunstancias difíciles que están viviendo y se han conformado con una vida frustrada, *"sin color ni sabor"* porque se han limitado a mirar su debilidad y no han podido ver la fortaleza que nuestro Padre Celestial puede brindarnos cuando enfocamos nuestra vida en su Plan Perfecto.

Amiga mía, no basta con reconocer que estás muerta en vida, necesitas tomar acción, enfocar tus ojos en Dios y decidirte a salir del ataúd en que estás. Ya es tiempo de que las mujeres despierten de ese letargo y se percaten del enorme poder que tenemos para transformar las circunstancias cuando nos conectamos al poder divino y hacemos nuestras las palabras que están en Filipenses 4:13: *"Todo lo puedo en Cristo que me fortalece"*.

Mujeres, ¡no nos podemos rendir, lo que necesitamos es acción! Si leíste mi primer libro, *Los 30 horrores que cometen las mujeres y cómo evitarlos*, ya sabes lo comprometida que estoy con ayudar a despertar la conciencia de la mujer. Esto no es un trabajo que se logra en un día ni con solamente una lectura. Cambiar pensamientos equivocados, despertar la conciencia de lo que Dios en verdad quiere para la mujer y sanar heridas, es un proyecto que toma tiempo, dedicación, determinación, continuidad, persistencia y voluntad, en fin, disciplina. Sobre todas las cosas requiere una búsqueda intensa de la presencia de Dios para que Él te ilumine en el proceso de formar un carácter firme y decidido. No me cansaré de recordarles que sin la intervención divina no podemos lograr nada. Solo Él es quien nos hace fuertes en nuestra debilidad y solo Él transforma nuestras vidas.

En este nuevo proyecto me propongo acompañarte en todo el proceso de restauración de tu vida. Cada página de este libro está impresa con mi amor y mi oración a Dios para que revolucione tu vida en 52 semanas. Al final mirarás hacia atrás y te sentirás orgullosa de ti misma por el cambio que has logrado. Prepárate, porque ya el título te lleva a la acción: *Mujer, ¡apriétate el cinturón!* Cualquiera puede catalogarse mujer por su fisionomía, pero solo las que hemos decidido apretarnos el cinturón y tomar control de nuestras vidas somos mujeres decididas, definidas y de carácter, que podremos enfrentar la vida con seguridad y optimismo, reconociendo siempre que nosotras hacemos lo posible y a Dios le corresponde lo imposible. Mujeres que nos ponemos de acuerdo con Dios y con los que hacen su voluntad, pero nunca nos pondremos de acuerdo con la maldad.

Alguien dijo: *"La vida es una sola, planifícala".* Todo lo excelente requiere esfuerzo y un trabajo consciente que no se puede abandonar a la suerte. Con ese propósito determinado, he escrito 52 reflexiones que cubren los elementos necesarios para convertirte en una mujer de carácter. A cada semana del año le corresponde una reflexión que enfoca sobre un aspecto específico de la vida. Además, comienzo cada uno de mis escritos con una selección de citas bíblicas que te irán mostrando el Plan de Dios para tu vida.

Quiere decir que tendrás la oportunidad de meditar sobre la Palabra Divina y en torno a cada reflexión durante siete días para que las grabes en tu mente y en tu corazón y las hagas realidad en tu vida cotidiana, con la ayuda de Dios. Al final de cada reflexión incluyo una afirmación que representa el compromiso que haces con Dios y contigo misma de incorporar a tu vida diaria ese elemento que aprendiste. Te propongo que repitas a diario la afirmación correspondiente a la semana para que este nuevo mensaje de poder se vaya grabando en tu mente y en tu corazón. En la medida en que vayas integrando a tu vida las convicciones que definen tu manera de pensar, tendrás los elementos necesarios para tomar las decisiones sabias que te convierten en una mujer de carácter firme conforme al corazón de Dios. Esa mujer que decide afirmar su vida pertenece al grupo de las que nos hemos apretado el cinturón y estamos constantemente ajustando nuestra vida.

La acción restauradora no termina aquí. Vivir digna y plenamente es un proceso continuo en el que debes alimentar tu espíritu a diario con la oración, la lectura de *La Biblia* y la de libros que abonen a tu superación espiritual y personal. Solo así permanecerás renovando tus fuerzas constantemente y te mantendrás firme y vigilante evitando la entrada de cualquier elemento extraño que atente contra tu dignidad y contra la transformación que Dios ha operado en ti.

Mi querida amiga, si yo te amo sin conocerte y anhelo verte feliz, imagínate cuánto te ama Dios que te creó. Te bendigo hoy y siempre, y espero que vivas siempre feliz y realizada.

Con amor,

Norma Pantojas

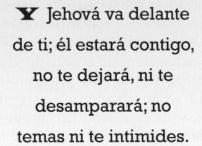

Y Jehová va delante de ti; él estará contigo, no te dejará, ni te desamparará; no temas ni te intimides.

Deuteronomio 31:8

Mujer, ¡apriétate el cinturón!

Decídete a confiar en Dios

En ti confían los que conocen tu nombre,
porque tú, Señor, jamás abandonas
a los que te buscan.

Salmo 9:10, NVI

La Palabra nos dice que Dios va delante de nosotros; que no nos dejará ni nos desamparará. Por eso nos exhorta a que no tengamos temor ni nos intimidemos ante nada. El esperanzador mensaje que recoge Deuteronomio 31:8 se lo comunicó Moisés a Josué cuando recayó sobre él la responsabilidad de llevar al pueblo de Israel a la Tierra Prometida.

Moisés sabía, por experiencia, que Dios siempre le había sostenido y que en su presencia no le había faltado ningún bien. Hoy, yo te digo lo mismo, porque esas promesas no han expirado, están vigentes y yo las he experimentado en mi caminar diario. A ti, que tal vez te has sentido sola, abandonada y posiblemente traicionada, Dios te asegura que va delante de tus pasos marcándote el camino por el que debes andar, y te ama tanto que te promete que no te dejará ni te desamparará. Por tanto, no tengas miedo ni permitas que nada ni nadie te intimide, porque Él está contigo para defenderte y sostenerte siempre. Abre los ojos de la fe para que veas la grandeza del Dios que te formó y te ama incondicionalmente aunque no le dediques tiempo; a veces porque te sientes tan enamorada y feliz que toda tu energía está puesta en tu novio o esposo; otras porque tienes exceso de trabajo; y hasta, en ocasiones, porque estás inmersa en el dolor y el sufrimiento debido a un amor que te dejó. Has estado buscando la paz en lugares equivocados y, ante cada desengaño, te has ido llenando de amargura. No te has dado cuenta aún de que hay Uno que está esperando por ti para enseñarte un camino mejor.

Dios ha prometido estar contigo todos los días de tu vida hasta el fin, solo espera por ti. Invítalo a tu corazón y decide ser fiel a los principios que están en su Palabra. En esa relación con Él descubrirás que no te sentirás sola. Su amor siempre te cubrirá, en sus brazos te sentirás segura y dejarás de deambular por la vida buscando siempre un amante que te llene y te haga sentir feliz. Llénate de Dios para que puedas caminar con la certeza de que siempre estará contigo, nunca te desamparará y te sostendrá de la mano en todos tus pasos. ¡Solo Dios te hace feliz y te capacita para vencer cualquier circunstancia!

Mujer, apriétate el cinturón y repite:

**Hoy siento el abrazo
de Dios, confío en Él
y descanso en su presencia.**

Notas:

_____
_____
_____
_____
_____
_____
_____
_____
_____
_____
_____
_____
_____
_____
_____
_____
_____
_____
_____
_____
_____
_____
_____
_____
_____

●●●●●●

La oración de fe
sanará al enfermo y
el Señor lo levantará.
Y si ha pecado,
su pecado se le
perdonará.
Por eso, confiésense
unos a otros sus
pecados, y oren unos
por otros, para que
sean sanados. La
oración del justo es
poderosa y eficaz.

Santiago 5: 15-16, NVI

●●●●●●

Mujer, ¡apriétate el cinturón!

Decídete a orar

Tarde y mañana y a mediodía oraré
y clamaré, y él oirá mi voz.

Salmo 55:17

¿Cuántas veces te has sentido sola, desanimada, traicionada o has tenido un problema al que no le encuentras solución? ¿Cuántas veces has experimentado una felicidad tan inmensa que quieres gritar "¡Gracias Dios!"? Sea en los momentos de tristeza o en los de júbilo, nuestro Dios siempre nos sostiene; celebra con nosotros cada alegría y nos toma en sus brazos en nuestra debilidad. Mi

Dios es real y jamás me cansaré de decirlo. He pasado por el desierto en muchas ocasiones, cuando he sentido el dolor de la pérdida, de la enfermedad, de la traición, pero ¿sabes algo?, Él siempre ha estado presente; siento su abrazo y su amor y aunque pase por la prueba más difícil estoy segura de que Él me escucha y me sostiene. Dios es nuestra paz, mi querida amiga, y solo en Él encontrarás descanso. ¿Cómo te acercas a Dios? Reconociendo que has desobedecido sus leyes divinas y necesitas de Él para salvarte y sanarte. Es así como te conviertes en una hija de Dios y comienzas a amistarte con Él y a hablar con Él.

Orar es hablar con Dios, es abrir nuestro corazón y presentarnos delante de Él con la seguridad de que nos escucha, nos consuela, nos da paz y nos contesta a su tiempo. El tiempo de Dios no es el nuestro. Él es el dueño del tiempo y es nuestro Creador. Así que Él sabe qué es bueno para nosotras y cuándo estamos listas para manejar cada asunto sabiamente, porque conoce nuestro pasado, nuestro presente y nuestro futuro. Sin embargo, aunque Dios es omnisciente (lo sabe todo), Él mismo nos exhorta, en el libro de Tesalonicenses, a hablar con Él cuando nos dice que oremos constantemente y estemos siempre gozosos. Dios anhela que le hablemos, porque es nuestro amigo, nuestro Padre, nuestro Pastor. Con Él podemos compartir nuestras alegrías y nuestras tristezas con la seguridad de que nos va a escuchar con amor sin decirnos: *"te lo dije"*, *"tú siempre"* o *"tú nunca"*, y siempre está dispuesto a perdonarnos y a bendecirnos. El apóstol Santiago, nos habla de los beneficios de la oración y de cómo el permanecer en una comunidad de fe orando los unos por los otros, nos ayuda a vencer los estados de ánimo cambiantes, las enfermedades y el pecado (todo lo que hace el hombre en contra de la voluntad de Dios). Por eso dice: *"La oración de fe sanará al enfermo y el Señor lo levantará. Y si ha pecado, su pecado se le perdonará"*, Santiago 5:15-16. El versículo concluye con una afirmación que he experimentado en mi vida desde que reconocí a Jesús como mi Salvador personal: *"La oración del justo es poderosa y eficaz"*. Acércate a la presencia de Dios y disfruta del poder extraordinario que tiene la oración en tu vida.

Mujer, apriétate el cinturón y repite:

**Me acerco a Dios en oración
y recibo paz, consuelo y alegría.
Al hablar con Dios todos
los días, mi vida se llena de
abundantes bendiciones.**

Notas:

_____

_____

_____

_____

_____

_____

_____

_____

_____

_____

_____

_____

_____

_____

_____

Una sola cosa le pido al Señor, y es lo único que persigo: habitar en la casa del Señor todos los días de mi vida, para contemplar la hermosura del Señor y recrearme en su templo. Porque en el día de la aflicción él me resguardará en su morada; al amparo de su tabernáculo me protegerá, y me pondrá en alto, sobre una roca.

Salmo 27: 4-5, NVI

Mujer,

¡apriétate el cinturón!

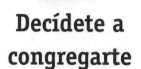

Decídete a congregarte

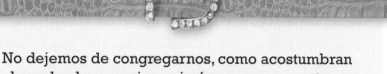

No dejemos de congregarnos, como acostumbran
hacerlo algunos, sino animémonos unos a otros,
y con mayor razón ahora que vemos
que aquel día se acerca.

Hebreos 10:25, NVI

Mucho se escucha decir: *"no necesito visitar la iglesia porque puedo hablar con Dios en mi casa o porque en la iglesia hay muchos hipócritas"*! La Palabra de Dios nos exhorta a no apartarnos de las congregaciones, como muchos tienen por costumbre. Conviene tener claro que todo lo que Dios nos manda a hacer tiene un propósito. Es en la comunidad de fe donde unos a otros nos animamos, nos consolamos y *reflexionamos en torno a* la Palabra de Dios. Varios estudios demuestran que orar, leer *La Biblia* y participar en una comunidad de fe son prácticas terapéuticas que cada vez más profesionales de la salud mental recomiendan a sus pacientes porque fomentan la salud emocional.

Recuerdo con mucho amor a una mujer que vivía cerca de nuestra iglesia y constantemente deambulaba ebria por aquella área. Una noche, hace alrededor de treinta y tres años, llegó borracha a nuestra iglesia. Ella vivía sin esperanza, sumida en el alcohol y aquella misma noche pasó al altar y aceptó a Jesucristo como su Salvador. Fue bello cómo aquella mujer triste, sin motivación, fue acogida en nuestra iglesia con tanto amor que desde esa noche asistió a todos los cultos. En la iglesia aprendió que ella era valiosa y que podía superarse. En pocos años comenzó a vender ropa, aprendió a guiar y se compró un carro. Fue diaconisa de la iglesia. Mis hijos la consentían, los feligreses la amaban y perseveró en nuestra iglesia hasta que murió. La iglesia fue su familia.

En definitiva, la fe es indispensable para disfrutar de una buena salud mental. La fe nos enseña que la vida tiene un propósito; que en nuestra debilidad hay Uno que es fuerte y tiene especial cuidado de nosotros; que Dios es amor y nos capacita para amar incluso a nuestros enemigos. La fe nos enseña a perdonar, nos permite experimentar la paz de Dios y nos concede la bendición de sentirnos aceptados por un grupo que comparte nuestra fe. En los momentos difíciles oramos los unos por los otros; en la alegría, celebramos juntos. Todos estos beneficios se obtienen al congregarnos. La próxima vez que te sientas tentada a enfocarte en lo negativo de las congregaciones, piensa en todos los beneficios que conlleva el pertenecer a una iglesia y jamás te apartarás. Comienza a practicar la exhortación que aparece en 1 Pedro 3:8-9: *"En fin, vivan en armonía los unos con los otros;*

compartan penas y alegrías, practiquen el amor fraternal, sean compasivos y humildes. No devuelvan mal por mal ni insulto por insulto; más bien, bendigan, porque para esto fueron llamados, para heredar una bendición".

Me congrego en la casa de Dios; su amor y su paz me resguardan en su morada.

*N*otas:

_____

_____

_____

_____

_____

_____

_____

_____

_____

_____

_____

_____

_____

_____

_____

_____

_____

• • • • • •

Jabes fue más importante que sus hermanos. Cuando su madre le puso ese nombre, dijo: "Con aflicción lo he dado a luz". Jabes le rogó al Dios de Israel: "Bendíceme y ensancha mi territorio; ayúdame y líbrame del mal, para que no padezca aflicción". Y Dios le concedió su petición.

1 Crónicas 4:9-10, NVI

• • • • • •

Mujer, ¡apriétate el cinturón!

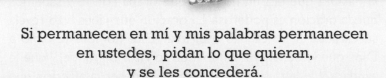

Decídete a soñar

Si permanecen en mí y mis palabras permanecen
en ustedes, pidan lo que quieran,
y se les concederá.

Juan 15:7, NVI

E xiste una diferencia importante entre soñar y fantasear. Soñar es anhelar con persistencia una cosa, mientras que fantasear es simplemente darle rienda suelta a la imaginación. Cuando anhelamos algo con fervor, tenemos que hacer un plan de acción para conseguirlo, porque de lo contrario, solo estaremos fantaseando. Quien fantasea siempre está imaginando si tuviera tal o cual cosa, pero en su interior, no cree que lo puede lograr y por eso ni se esfuerza en pensar en una forma de hacerlo. Así se queda viviendo toda la vida en un mundo irreal y nunca alcanza nada.

Los sueños no se dan en el vacío. Debes saber que la calidad de tus sueños dependerá de tu riqueza emocional y espiritual. Fíjate que no mencioné la riqueza material, porque para anhelar algo beneficioso y edificante no hay que tener dinero. Los traficantes de droga, así como muchos artistas famosos y muchas personas adineradas, han soñado con fama y con dinero. No obstante, cuando conocemos su historia, descubrimos que han pasado por mucho dolor, soledad, amargura y frustración. Sin embargo, la Palabra Divina nos dice que la riqueza que Dios nos da es la que no añade tristeza con ella: *"La bendición de Jehová es la que enriquece, y no añade tristeza con ella"* (Proverbios 10:22). Los sueños que nacen de un corazón que ama a Dios y que tiene sanidad emocional, esos sí son grandes sueños.

Jabes es un ejemplo de un hombre que, según dice en *La Biblia*, se distinguió entre sus hermanos. Aunque no especifica el porqué de su distinción, podemos ver a través de la Palabra que era un hombre que oraba con fe y sabemos que la oración es poderosa. La oración que Jabes hizo revela su carácter y su calidad espiritual. Este hombre le pidió a Dios que le bendijera dándole un territorio grande, y que le ayudara y le librara del mal para no padecer la aflicción que produce el pecado o la desobediencia a Dios. Fíjate qué sabiduría. El versículo que sigue a la oración que hizo Jabes dice que Dios le concedió su petición. Debemos orar siempre con la fe y la convicción que lo hizo Jabes, y con la certeza de que Él contestará nuestras peticiones. Recuerda siempre que Dios honra a los que le honran. Honramos a Dios siguiendo el plan que Él nos comunica en su Palabra.

Tú puedes lograr tus más preciados anhelos, pero para visualizar y materializar grandes sueños necesitas poner tu

vida a los pies de Jesucristo, para que Él perdone tus pecados y puedas tener un corazón limpio que produzca sueños
y acciones conforme a la voluntad y el Plan de Dios. Te
garantizo que alcanzarás metas insospechadas porque según
le concedió la oración a Jabes así te concederá las tuyas. Soy
testigo de lo que te digo pues he vivido experiencias muy
bellas desde que reconocí que necesitaba de Dios para vivir
plenamente.

¡Dios es real y siempre es fiel!

Mujer, apriétate el cinturón y repite:

**Persevero en la oración con
la certeza de que Dios toma el
control de mi vida, me bendice,
me ayuda, me libra del mal y
concede los nobles deseos
de mi corazón.**

Notas:

_____

_____

_____

_____

_____

_____

_____

_____

_____

_____

● ● ● ● ● ●

Bienaventurado
el hombre que tiene
en ti sus fuerzas, en
cuyo corazón están
tus caminos.

Salmo 84:5

● ● ● ● ● ●

Mujer, ¡apriétate el cinturón!

Decídete a ser feliz

Dichosos más bien —contestó Jesús—
los que oyen la palabra de Dios y la obedecen.

Lucas 11:28, NVI

Todas soñamos con ser felices. Sin embargo, cada persona puede definir la felicidad de una forma diferente. Muchas mujeres piensan que la felicidad se alcanza al encontrar pareja, algunas creen que la conseguirán cuando generen un buen sueldo, mientras que otras consideran que serán felices cuando sean famosas. Así, una gran cantidad de mujeres agota sus energías corriendo detrás de algo externo, creyendo que eso les dará la anhelada felicidad. Pero mientras más corren, más infelices se sienten porque al obtener lo que deseaban, se dan cuenta de que siguen insatisfechas y frustradas.

La verdadera felicidad se encuentra cuando reconocemos a Dios como el Señor de nuestra vida y decidimos obedecer los principios que están en su Palabra. Él nos ama incondicionalmente y ha prometido estar con nosotras todos los días hasta el fin. Si queremos ser felices debemos vivir en armonía con sus enseñanzas y cada decisión que tomemos debe estar de acuerdo con estas. La felicidad comienza cuando nuestro ser está en armonía con Dios. Por eso, deja de actuar de acuerdo a tus emociones y comienza a comportarte rectamente siguiendo de forma fiel los principios divinos que el Señor estableció para nuestro bienestar. Dios quiere que tengamos vida en abundancia, pero nuestros sentimientos equivocados nos llevan a la escasez emocional y física.

Evalúa la decisión que necesitas tomar hoy y decídete, no por lo que te gusta o deseas, sino por lo que es justo y digno para tu vida. ¡Decide siempre hacer lo que es correcto! Actuando así te sentirás orgullosa de ti, tendrás paz en tu interior y experimentarás la satisfacción del deber cumplido.

¡Solo así te sentirás plenamente feliz!

Mujer, apriétate el cinturón y repite:

Hoy acepto y disfruto el amor incondicional de Dios y tengo la sabiduría para alcanzar la verdadera felicidad.

Notas:

_____
_____
_____
_____
_____
_____
_____
_____
_____
_____
_____
_____
_____
_____
_____
_____
_____
_____
_____
_____
_____
_____

En realidad, sin fe es
imposible agradar a
Dios, ya que cualquiera
que se acerca a
Dios tiene que creer
que él existe y que
recompensa a quienes
lo buscan.

Hebreos 11:6, NVI

Mujer,

¡apriétate el cinturón!

Decídete a abrir los ojos a las posibilidades

> Lo que es imposible para los hombres
> es posible para Dios —aclaró Jesús.
>
> **Lucas 18:27, NVI**

Las posibilidades son oportunidades que están presentes dondequiera que estemos, pero solamente las vemos los que tenemos abiertos los ojos de la fe y la esperanza. Los que viven en el mundo de la oscuridad y la negatividad no pueden ver de ninguna manera posibilidades; solo ven imposibilidades. Para poder visualizar las posibilidades hay que tener fe. Necesitamos creer que existe un Dios que recompensa a quienes le buscan, para que nuestro entendimiento sea alumbrado de tal manera que podamos ver todas las oportunidades que Dios nos presenta para nuestro crecimiento emocional, espiritual y material. Cuando desarrollamos la capacidad de ver lo que no se ve con los ojos físicos sino con los ojos de la fe, adquirimos eso que se llama visión.

Norman Vincent Peale, el reconocido pastor, escritor y motivador estadounidense, siempre estimuló a quienes escuchaban sus conferencias y a quienes leímos sus libros, a ir por encima de las circunstancias. Por eso decía: *"Conviértase en una persona de posibilidades. No importa lo oscuras que parezcan ser o realmente sean las cosas, levante su mirada y vea las posibilidades, véalas siempre porque siempre están allí"*.

Mujer, no te rindas ante la adversidad ni ante la escasez ni ante ninguna circunstancia negativa que estés experimentando; abre los ojos de la fe, amplía tu visión acercándote más cada día a Dios porque Él es maravilloso y tiene muchas bendiciones para todas las personas que le buscan de corazón. Deja de llorar, limpia las lágrimas que te están impidiendo ver claramente el mundo de posibilidades que Dios abre para ti. No te rindas, llénate de valor porque el Dios de la gloria está contigo, conmigo y con todas las personas que se acercan a su presencia. ¡Conviértete en una persona de posibilidades!

Mujer, apriétate el cinturón y repite:

Abro los ojos de la fe y recibo las posibilidades infinitas de prosperidad, salud, amor y paz.

Notas:

_____
_____
_____
_____
_____
_____
_____
_____
_____
_____
_____
_____
_____
_____
_____
_____
_____
_____
_____
_____
_____
_____

● ● ● ● ● ●

Si alguien afirma: "Yo amo a Dios", pero odia a su hermano, es un mentiroso; pues el que no ama a su hermano, a quien ha visto, no puede amar a Dios, a quien no ha visto. Y él nos ha dado este mandamiento: el que ama a Dios, ame también a su hermano.

1 Juan 4:19-21, NVI

● ● ● ● ● ●

Mujer,
¡apriétate el cinturón!

Decídete a amar
y nunca a odiar

"Ama al Señor tu Dios con todo tu corazón, con toda
tu alma, con toda tu mente y con todas tus fuerzas".
El segundo es: "Ama a tu prójimo como a ti mismo".
No hay otro mandamiento más importante que éstos.

Marcos 12:30-31, NVI

Mi querida amiga, el amor es una decisión. Tú decides
amar u odiar, guardar rencor o perdonar. Por esa
razón, Dios nos dio el mandamiento de amarlo a Él con
todo nuestro corazón, con toda nuestra mente y con todas
nuestras fuerzas, y amar a nuestro prójimo como a nosotras

mismas. Todo comienza cuando le permitimos a Dios entrar a nuestro corazón. Él es quien lo llena con su amor; ese amor se fija en nuestro cerebro que a su vez, dirigirá nuestros sentimientos y, por último, esos sentimientos se convertirán en acciones. Como pensamos sentimos, y como sentimos actuamos.

Debo confesar que desde muy temprana edad me programé para amar y perdonar, y decidí que jamás iba a odiar. No sé porqué desde que tengo conciencia, amé con intensidad y me fascinaba estar con la gente. Recuerdo que disfrutaba mucho hablar con las personas mayores, observaba cómo la gente se trataba y utilicé las consecuencias de las conductas equivocadas de otros para yo no hacer lo mismo. Desde niña, buscaba conectarme con Dios. Mis primeros años me eduqué en un colegio católico. Cuando tenía ocho años, me prepararon para la primera comunión. Cuando las monjas nos dijeron que no podíamos masticar la oblea porque ese era el cuerpo de Cristo, para mí eso de "morder a Cristo" fue motivo de preocupación y no se imaginan con el cuidado que yo tomé esa primera comunión. Cuando me enseñaron que Dios tenía que estar en nuestro pensamiento, yo lo tomé totalmente literal y creía que no podía pensar en nada más. No obstante, lo que había en mi interior, era un profundo deseo de agradar a Dios.

Las oportunidades para odiar no me han faltado porque en el caminar por la vida nos encontramos con la traición, el desengaño y toda una serie de situaciones que si nos dejásemos llevar por el impulso de nuestros sentimientos, nos vengaríamos u odiaríamos a quienes nos han hecho daño. Sin embargo, yo me he mantenido firme en mi decisión de amar y perdonar porque tengo la conciencia de que Dios —que nos formó y conoce hasta nuestros más íntimos sentimientos— nos dio el mandato de amar y yo aprendí que las reglas de Dios no se cuestionan, se siguen. Él no nos dijo que amáramos solamente a quienes nos amen o a aquéllos que se porten bien con nosotros, sino que nos dio el mandato de amar de forma incondicional. Y fue todavía más lejos cuando nos advierte en su Palabra que el que dice que ama a Dios, pero odia a su hermano es un mentiroso, porque cómo va a amar a Dios a quien ni siquiera puede ver, si odia a su hermano a quien puede ver cara a cara. El amar nos hace libres pues promueve la salud mental y la física, a la vez que provoca en nosotros un deseo de vivir y de disfrutar la vida.

Siempre que hablo del amor hago una aclaración muy importante para evitar las malas interpretaciones de parte de las personas (en especial las mujeres) que están viviendo situaciones de maltrato: Amar no significa que me tengo que quedar sufriendo y soportando que me maltraten porque la Palabra dice que el amor debe ser incondicional. Obedecer el mandato de amar implica que me separo de quien me hace daño, sin odiarlo y sin guardarle rencor, porque me amo a mí misma y no puedo permitir que nadie abuse de mí o me deshonre.

Decidamos amar y perdonar, pero empecemos por amar a Dios primero, para que Él derrame su amor sobre nosotras y nos capacite para amarnos a nosotras mismas y a los demás.

Mujer, apriétate el cinturón y repite:

El amor perfecto de Dios se derrama sobre mí y me libera del odio y del rencor. Soy libre para amar a Dios, amarme a mí misma y amar a mi prójimo.

Notas:

_____

_____

_____

●●●●●●

Vengan, pongamos
las cosas en claro
—dice el Señor—.
¿Son sus pecados como
escarlata? ¡Quedarán
blancos como la nieve!
¿Son rojos como
la púrpura?
¡Quedarán como la lana!

Isaías 1:18, nvi

●●●●●●

Mujer,
¡apriétate el cinturón!

Decídete a perdonarte los errores y horrores pasados

Por lo tanto, si alguno está en Cristo,
es una nueva creación.
¡Lo viejo ha pasado, ha llegado ya lo nuevo!

2 Corintios 5:17, NVI

Hace algún tiempo recibí una carta de una mujer que estaba viviendo amargada por el recuerdo de su turbulento pasado. Ella me decía que había hecho todo lo malo que yo pudiera imaginarme y que sentía que ya no había perdón para ella. Concluyó diciendo que, con ese pasado tan oscuro, jamás podría rehacer su vida.

Posiblemente ese también sea tu caso, o quizás no hayas llegado tan lejos como ella, pero sí cometiste algún error que a pesar de que tal vez haya pasado mucho tiempo, incluso años, todavía no te has podido perdonar a ti misma. Si te sientes como esa mujer, te tengo buenas noticias. Hay Uno que te creó y te amó aún antes de que fueras formada. Se llama Dios. Él dio a su Hijo Jesucristo para que muriera en la cruz por nuestros pecados y todo aquél que crea en Él, recibirá perdón no importa cuán grandes hayan sido sus faltas. Esta es una promesa de Dios que está en el Evangelio de Juan 5:24: *"Ciertamente les aseguro que el que oye mi palabra y cree al que me envió, tiene vida eterna y no será juzgado, sino que ha pasado de la muerte a la vida"*. No importa cómo haya sido tu vida, en Jesús hay salvación y perdón. Solo tienes que acercarte a su presencia, pedirle perdón por tus pecados y Él te perdonará. Si Dios siendo perfecto te perdonó, debes perdonarte a ti misma, levantarte y seguir adelante con tu frente en alto; con la seguridad de que ya eres libre de tu cárcel emocional y espiritual. El amor de Dios es incondicional. Él no nos recuerda el pasado y nos exhorta a que nosotras tampoco lo recordemos, por eso en Isaías 43:18 nos dice: *"No os acordéis de las cosas pasadas, ni traigáis a memoria las cosas antiguas"*. Perdónate a ti misma, olvida el pasado y decídete a ser feliz.

Mujer, apriétate el cinturón y repite:

Hoy comienzo a ser una triunfadora porque soy libre de mi pasado.

Notas:

_____

_____

_____

_____

_____

_____

_____

_____

_____

_____

_____

_____

_____

_____

_____

_____

_____

_____

_____

_____

_____

_____

_____

_____

_____

●●●●●●

Y cuando estén orando,
si tienen algo contra
alguien, perdónenlo,
para que también su
Padre que está en el
cielo les perdone a
ustedes sus pecados.

Marcos 11:25, NVI

●●●●●●

Mujer,

¡apriétate el cinturón!

Decídete a perdonar

Porque si perdonan a otros sus ofensas,
también los perdonará a ustedes su Padre celestial.

Mateo 6:14, NVI

Perdonar es una decisión. Jamás perdonarás si esperas sentir que estás listo para otorgar el perdón o si comienzas a preguntarte si quien te ofendió se lo merece. El perdón es un regalo inmerecido que Dios nos otorga a cada uno de los que creemos en Él y que nosotros –reconociendo que también pecamos y no somos perfectos–, en virtud de esa gratitud a Dios, decidimos otorgarlo a alguien que nos hirió en lo más profundo de nuestro ser, no porque sentimos hacerlo sino como un acto de obediencia a una enseñanza explícita que Jesús nos dejó en la oración modelo del Padre Nuestro. Ese perdón que le otorgamos a otros nos libera a nosotras mismas y a la persona que nos hirió, e impide que quien nos ha herido siga teniendo poder sobre nosotras, aún estando lejos de nuestra presencia. Conocí a un hombre que estaba muy amargado. Cuando indagué el porqué de su amargura, descubrí que odiaba a siete personas de su familia y lo curioso es que ya todas habían muerto. A pesar de eso, cuando él me narraba su historia lo hacía con tanta vehemencia que revivía con su coraje a cada una de aquellas personas que tanto odiaba. La imposibilidad de perdonar que experimentaba ese hombre permitió que las heridas que le causaron los conflictos que tuvo con esos seres le siguieran afectando aún después de estar muertos. El perdón te engrandece porque además de liberarte a ti de la cárcel del odio, ese acto de amor libera también a la otra persona que te ofendió.

Piensa en este momento en esa persona a quien no has perdonado todavía. Vence tu rencor con pensamientos de bien para ella y cede el paso a lo que te conviene: bendecir en lugar de maldecir. Cuando perdonas, te mantienes saludable emocional y físicamente. Puedes recordar lo que te pasó, pero ya no te hace daño. Es como si vieras la cicatriz de una quemadura, sabes que te quemaste en un momento, pero ya no te duele. Es maravilloso cuando una herida cicatriza y muy doloroso cuando, a pesar de haber pasado mucho tiempo, la herida cada vez se infecta más hasta tener que experimentar el dolor de una amputación. ¡Cuánto sufre la persona que vive esta dolorosa experiencia! Eso mismo pasa con la infección espitual y emocional que produce el odio, ya que arruina por completo tu vida.

Las experiencias pasadas deben formar tu carácter; nunca deben ser fantasmas que vienen del pasado al presente para herirte y dañar tus relaciones actuales. ¡Perdona, sé libre y vive feliz!

Mujer, apriétate el cinturón y repite:

Guardo en mi corazón solo los buenos recuerdos y me libero del dolor.

Notas:

_____

_____

_____

_____

_____

_____

_____

_____

_____

_____

_____

_____

_____

_____

_____

_____

_____

● ● ● ● ● ●

Mujer virtuosa,

¿quién la hallará?

Porque su estima

sobrepasa largamente

a la de las piedras

preciosas.

Proverbios 31:10

● ● ● ● ● ●

Mujer,

¡apriétate el cinturón!

Decídete a valorarte a ti y a los demás

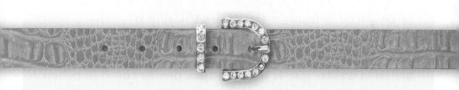

La mujer sabia edifica su casa;
mas la necia con sus manos la derriba.

Proverbios 14:1

Valorar significa estimar, reconocer el valor o mérito que posee algo o alguien. ¿Reconoces cuánto vales? ¿Sabes con qué propósito fuiste creada? Si todavía no estás consciente del valor extraordinario que Dios te adjudicó desde que te soñó, hoy es el gran día en que descubrirás que eres la hija amada del Dios viviente. Ya eres valiosa porque todo lo que Dios ha creado tiene un propósito específico de gran valor.

Ahora que lo sabes, piensa, siente, actúa y vive como lo que eres: una mujer digna.

Descubre cuántas capacidades yacen dormidas en ti, sencillamente porque has vivido magnificando tus debilidades y minimizando tus fortalezas. Desde hoy en adelante comienza a destacar cuáles son tus talentos y tus habilidades. Te quedarás sorprendida cuando veas surgir a la mujer extraordinaria que hay en ti y que ha vivido dormida tal vez durante muchos años, porque fijaste toda tu atención en tus puntos débiles. Cada quien encuentra lo que busca, y si lo que buscamos son aspectos negativos de nuestra vida, eso es lo que encontraremos. De la misma forma, si solo fijamos nuestra atención en nuestras fallas de carácter, creeremos que no somos valiosas y eso será exactamente lo que proyectaremos. Esa imagen distorsionada de nosotras es la que veremos en el espejo y, por ende, la que verán los demás.

Es importante que sepas y estés segura de quién eres, porque de acuerdo al concepto que tengas de ti misma, así te proyectarás frente a los demás. Valórate tú primero para que todos te estimen y te respeten, aún cuando no estén de acuerdo con tus ideas. Cada persona lleva un letrero invisible en la frente, que le informa a los demás cómo le deben tratar. ¿Qué mensaje invisible estás exhibiendo en tu vida?

Mujer, ¡eres valiosa! Comienza a poner en práctica hoy los talentos que has descubierto en ti.

Mujer, apriétate el cinturón y repite:

Hoy decido vivir a la altura de quien soy: una mujer extraordinaria creada por Dios con un propósito especial.

Notas:

_____
_____
_____
_____
_____
_____
_____
_____
_____
_____
_____
_____
_____
_____
_____
_____
_____
_____
_____
_____
_____
_____

••••••

No se inquieten por nada; más bien, en toda ocasión, con oración y ruego, presenten sus peticiones a Dios y denle gracias. Y la paz de Dios, que sobrepasa todo entendimiento, cuidará sus corazones y sus pensamientos en Cristo Jesús.

Filipenses 4:6-7, NVI

••••••

Mujer,
¡apriétate el cinturón!

Decídete a valorar lo que tienes

Jehová es mi pastor; nada me faltará.

Salmo 23:1, NVI

U n día me encontraba en un probador de ropa de una tienda reconocida, cuando de repente escuché a una mujer en el probador del lado decir en voz alta: "¡Ay Dios mío, que fea estoy con estos rollos de carne!". Yo quedé impactada con aquella exclamación, porque días antes había visto en televisión a un adolescente que había nacido con perlesía cerebral y él narraba con dificultad, pero lleno de alegría, cómo los médicos le habían dicho a su mamá que le comprara una buena silla de ruedas porque él jamás volvería a caminar. Sin embargo, a pesar de las limitaciones con las que este joven aprendió a vivir, no se cansaba de dar gracias a Dios porque podía caminar aunque fuera con un bastón. ¡Qué contraste! Por un lado, un joven en actitud de agradecimiento en medio de su discapacidad y por otro lado, una mujer que podía caminar libremente sin ninguna limitación que vencer, quejándose por los "rollos de carne" que le sobraban en su cuerpo.

¡Necesitamos cambiar nuestra manera de pensar para vivir a plenitud! En Filipenses el apóstol Pablo nos exhorta a no preocuparnos por nada. Nos dice que le presentemos a Dios, en oración, todo lo que necesitemos y que seamos agradecidas. En lugar de dar por sentado que todo lo que tenemos o adquirimos es porque lo merecemos, pensemos que cada bendición que recibimos es un regalo de Dios. Cuando somos agradecidas mantenemos viva la esperanza y nuestros ojos de la fe permanecen abiertos esperando continuamente algo maravilloso que está por suceder. El secreto de la felicidad consiste en vivir contando las bendiciones que tenemos en lugar de estar fijándonos en lo que nos falta. Quienes viven magnificando lo que no tienen, estarán lamentándose todo el tiempo, porque siempre existirá algo que no hayamos podido alcanzar. La gente del pueblo de Israel se quejaba muchísimo a pesar de que Dios los liberó de la esclavitud de Egipto, los alimentó en el desierto, los calentó cuando hacía frío y los cubrió para que el sol no les hiciera daño. Aunque habían recibido todas esas bendiciones, cuando escaseó el agua le reclamaron a Moisés: "¡Ojalá el SEÑOR nos hubiera dejado morir junto con nuestros hermanos!", (Números 20:3, NVI). Ante esto: El Señor les dijo a Moisés y a Aarón:

—¡Hasta cuándo ha de murmurar contra mí esta perversa comunidad? Ya he escuchado cómo se quejan contra mí los israelitas. "…Juro por mí mismo, que haré que se les cumplan sus deseos. Los cadáveres de todos ustedes quedarán tirados en este desierto" (Números 14:26-29, NVI).

Fíjate que el pueblo se ató con los dichos de su boca. Ellos dijeron que mejor hubiera sido que Dios les dejara morir en el desierto y por eso Dios, en su soberanía, decidió que así como lo pidieron, así se cumpliría. El pueblo de Israel atrajo la maldición con las quejas y murió en el desierto. Pero tú y yo atraeremos bendición y abundancia para nosotras y nuestras familias, porque siempre tendremos palabras de agradecimiento y pensamientos de bien. La paz de Dios nos cubre, guarda nuestros pensamientos y nos hace vivir confiadas. Aunque la realidad te quiera preocupar, confía porque Dios siempre está contigo.

¡Valora y agradece lo que tienes mientras llega lo que anhelas!

Mujer, apriétate el cinturón y repite:

Agradezco a Dios por lo que tengo y declaro que todo el bien que anhelo ya me ha sido otorgado en el poderoso nombre de Cristo.

Notas:

_____

_____

_____

_____

_____

_____

El que mucho habla,
mucho yerra; el que es
sabio refrena su lengua.
Plata refinada es la lengua
del justo; el corazón del
malvado no vale nada.
Los labios del justo
orientan a muchos;
los necios mueren
por falta de juicio.

Proverbios 10:19-21, NVI

Mujer,
¡apriétate el cinturón!

Decídete a comunicar tus ideas llegando al corazón

La respuesta amable calma el enojo,
pero la agresiva echa leña el fuego.

Proverbios 15:1, NVI

Con mucha frecuencia escuchamos que la gente dice: *"Yo las canto como las veo"* o *"Yo digo la verdad como es, sin adornos"*. Estos comentarios salen de una persona que piensa solamente en ella y en satisfacer la necesidad de comunicar algo, sin pensar cómo se sentirá la otra persona o cuál es la mejor forma de comunicarle el mensaje.

Para lograr éxito en las relaciones familiares, necesitamos aprender a comunicar un mensaje claro, sencillo y directo, sazonado con amor, prudencia y firmeza. Cuando me encuentro en las consejerías con los verdugos de la verdad, esos que creen que hay que estrujarle la verdad en la cara a la gente, les pregunto si a ellos les gustaría que les hicieran una operación en la que les sacarán algún órgano de su cuerpo sin anestesia. Inmediatamente contestan horrorizados diciéndome: *"No, por supuesto que quisiera que me lo hicieran con anestesia"*. Pues bien, cuando hablamos sin pensar, estamos haciendo una operación sin anestesia y estamos pisoteando el amor, los sentimientos y la dignidad de la otra persona. Recuerda que siempre que comunicamos una idea y deseamos provocar cambios, debemos llegar no solo al intelecto sino al corazón. Podemos y debemos vestir de amor las más duras realidades porque el propósito de la conversación es corregir, provocar cambios de conducta y solidificar vínculos; jamás debiera ser humillar ni juzgar a la persona.

Cuando hables, procura mantener un tono de voz agradable, mirar fijamente a quien le estás comunicando lo que sientes, expresarte sin que las emociones te dominen, comenzar a decir primero las características positivas que posee el interlocutor antes de comunicarle la acción o acciones incorrectas y al hacerlo sé específica, no comiences a divagar de una idea a la otra. Evita también las frases como: *"tú nunca"* o *"tú siempre"*, plantea posibles soluciones al conflicto y no juzgues a la persona. Cuando juzgamos, lo que hacemos es reforzar la conducta negativa.

La próxima vez que vayas a comunicar algo que te desagrada, piensa primero qué es lo que te motiva a hacerlo. La motivación correcta es la que surge del amor. Piensa bien antes de hablar, para que cada palabra que salga de tu boca llegue directo al corazón y provoque cambios de actitud y de conducta.

Mujer, apriétate el cinturón y repite:

**Permito que la voz de Dios
se exprese a través de mí.
Hablo siempre movida
por el amor.**

Notas:

_____
_____
_____
_____
_____
_____
_____
_____
_____
_____
_____
_____
_____
_____
_____
_____
_____
_____
_____
_____
_____

Semana 13

Es más valiosa que las piedras preciosas: ¡ni lo más deseable se le puede comparar! Con la mano derecha ofrece larga vida; con la izquierda, honor y riquezas. Sus caminos son placenteros y en sus senderos hay paz.

Proverbios 3:15-17, NVI

Mujer,

¡apriétate el cinturón!

Decídete a actuar
con sabiduría

Dichoso el que halla sabiduría,
el que adquiere inteligencia.
Porque ella es de más provecho que
la plata y rinde más ganancias que el oro.

Proverbios 3:13-14, NVI

Vivimos en una era en la que se glorifica la inteligencia, pero se exalta poco la sabiduría. Muchos piensan que ser inteligente significa lo mismo que ser sabio. Sin embargo, en 2 Crónicas 2:12, Hiram, rey de Tiro, elogia a Salomón diciendo que Dios le ha dotado tanto de sabiduría como de inteligencia: *"Porque le ha dado al rey David un hijo sabio, dotado de sabiduría e inteligencia"*.

La capacidad intelectual que tiene el ser humano le sirve para adquirir conocimientos, mientras que la sabiduría es la conciencia o el discernimiento que proviene de Dios y lo adquirimos solo los que lo demandamos a Él. *La Biblia*, en el Salmo 111:10, dice: *"El principio de la sabiduría es el temor del SEÑOR"* (NVI). Es importante aclarar que aquí el vocablo *temor* se refiere a respeto, no a miedo. Esto quiere decir que adquirimos sabiduría cuando reconocemos la grandeza de Dios y su Señorío sobre nuestra vida. Al hacerlo, Dios ilumina nuestro entendimiento y su voluntad impera en nosotros. Es Dios quien nos llena de su amor y nos capacita para amarnos a nosotras mismas y a nuestro prójimo. Proverbios 3:13-17 nos dice que quien encuentra la sabiduría es dichoso porque esta rinde más ganancias que el oro, es más valiosa que las piedras preciosas y no se puede comparar ni con lo más deseable que pueda haber en este mundo. Explica que con esta alcanzamos larga vida, honor y riquezas; el camino de la vida se hace placentero y vivimos paz. Son incontables los beneficios que nos ofrece la sabiduría y Dios, por su gracia y su amor infinito, está dispuesto a dárnosla a todos los que se la pedimos. Su Palabra, en Santiago 1:5, afirma: *"Si a alguno de ustedes le falta sabiduría, pídasela a Dios, y Él se la dará, pues Dios da a todos generosamente sin menospreciar a nadie"* (NVI). ¡Dios es maravilloso, es real y te dará la sabiduría en abundancia! No continúes tomando decisiones a ciegas, confiando solo en tu intelecto. En su lugar, pídele la sabiduría al Dios que te acompañará siempre y te dará paz aún en los momentos más dolorosos de tu vida. En la medida en que tengas mayor amistad y comunión con Dios, mejor calidad de vida tendrás.

Mujer, apriétate el cinturón y repite:

Reconozco el Señorío de Dios en mi vida, estudio y obedezco su Palabra y me lleno de su sabiduría.

Notas:

_____
_____
_____
_____
_____
_____
_____
_____
_____
_____
_____
_____
_____
_____
_____
_____
_____
_____
_____
_____
_____
_____

······

No hay mejor
medicina que tener
pensamientos alegres.
Cuando se pierde
el ánimo, todo el cuerpo
se enferma.

Proverbios 17:22, TLA

······

Mujer,
¡apriétate el cinturón!

Decídete a
reír

Para el afligido todos los días son malos;
para el que es feliz siempre es día de fiesta.

Proverbios 15:15, NVI

Se dice que cuando nos reímos movemos 400 músculos de nuestro cuerpo. Algunos estudiosos del tema comentan que reír 100 veces equivale a diez minutos de ejercicio aeróbico. Se ha comprobado que la risa relaja los músculos tensos, ayuda a curar la depresión, reduce la producción de las hormonas que causan el estrés, estimula el sistema digestivo y oxigena todo el cuerpo, entre otros muchos beneficios físicos y emocionales. Definitivamente, reír es salud.

La Biblia dice que no hay mejor medicina para el cuerpo que los pensamientos alegres. De hecho, no hay nada que afecte tanto la salud como el perder el ánimo. Ante estas aseveraciones, es posible que te estés preguntando en este momento: ¿Por qué, si la risa tiene tantos beneficios, no todas las personas se ríen? Esto ocurre porque nos reímos de acuerdo a la manera en que percibimos la realidad y nuestra percepción de la misma depende de los pensamientos que recreamos en nuestra mente, que a su vez están condicionados por la manera cómo alimentemos nuestro cerebro. Por eso es que en su Palabra Dios hace tanto hincapié en el hecho de que para cambiar nuestra vida es necesario cambiar nuestra manera de pensar. Así que Dios nos manda a renovar nuestra mente a través del estudio de su Palabra. Si le hemos entregado nuestra vida a Dios de tal manera que confiamos en su omnipotencia (que todo lo puede); en su omnisciencia (que todo lo sabe) y en su omnipresencia (que está en todas partes), entonces no debemos temer a las circunstancias adversas que se nos presentan, porque Él siempre está y estará en control. De esta manera podremos mantener siempre un buen ánimo que nos permitirá desechar los pensamientos negativos que invaden sin interrupción nuestra mente para sustituirlos por pensamientos y recuerdos positivos.

Jamás veas la vida como si fuera una tragedia o una película de terror sino como el escenario en el que Dios nos ha permitido desarrollarnos cabalmente a través de la diversidad de experiencias (tanto de las positivas como de las negativas). Lo importante es desarrollar una buena actitud enriquecida por la presencia de Dios en nuestra vida y un buen sentido del humor. Aprende a reír, pero a reír a carcajadas y ríete hasta de ti misma. Te sorprenderás de los resultados asombrosos que verás cuando aprendas a reír. Simplemente porque "Jehová es tu pastor y nada te faltará". Confía en Dios, limpia tu monólogo interior de todos los pensamientos negativos y decídete a reír. Solo así disfrutarás cada instante de tu vida aunque las circunstancias no sean siempre las mejores.

Mujer, apriétate el cinturón y repite:

Hoy comienzo a ser una mujer con buen sentido del humor y vivo con optimismo.

Notas:

_____
_____
_____
_____
_____
_____
_____
_____
_____
_____
_____
_____
_____

• • • • • •

No se amolden al
mundo actual, sino sean
transformados mediante
la renovación de
su mente.
Así podrán comprobar
cuál es la voluntad de
Dios, buena, agradable
y perfecta.

Romanos 12:2, NVI

• • • • • •

Mujer,

¡apriétate el cinturón!

Decídete a cambiar tu manera de pensar

Porque el Señor da la sabiduría; conocimiento y ciencia brotan de sus labios (…) la sabiduría vendrá a tu corazón, y el conocimiento te endulzará la vida.

Proverbios 2:6-10, NVI

Nuestra manera de pensar dirige nuestra forma de sentir y de actuar. Eso quiere decir que si albergamos en nuestra mente pensamientos negativos, falsos o equivocados, tomaremos decisiones erróneas. Por esa razón, *La Biblia* nos enseña que no nos debemos amoldar a la manera de pensar generalizada sino que debemos aprender cuál es la voluntad de Dios; que es buena, agradable y perfecta. Él es quien nos da la sabiduría y el conocimiento para tomar las decisiones que nos dirigen a vivir con dignidad y a plenitud.

¿Qué tipo de vida has tenido hasta ahora? ¿Crees que has vivido a plenitud? Cuando piensas en las decisiones que has tomado hasta este momento, ¿te sientes satisfecha o te arrepientes de lo que hiciste? Las consecuencias de esas decisiones, ¿han sido positivas o dolorosas? ¿Has dicho a menudo: *"Si tuviera la experiencia que tengo ahora no hubiera hecho esto o aquello"*? Si has contestado afirmativamente, no quiere decir que ya estás esclavizada al pasado, pero sí que debes cambiar tus estructuras de pensamiento por las que te enseña Dios a través de su Palabra. Dios siempre está con sus brazos abiertos para recibirnos y darnos el conocimiento y la sabiduría necesarios para endulzarnos la vida.

Cuando las personas viven según la manera que les dictan los pensamientos que han almacenado desde que nacieron –y que aprendieron de sus padres o de quiénes los criaron–, si la influencia fue mala suelen sufrir mucho. Lo curioso es que, por lo general, las personas enseñan, viven y defienden hasta el final, las ideas y estilos de vida que aprendieron, aunque a ellas mismas no les hayan resultado, porque esas son las ideas que están almacenadas en su cerebro desde su nacimiento. Viven infelizmente, pero cuentan con orgullo y seguridad sus hazañas, como si estuvieran disfrutando su existencia, cuando la realidad de su vida interior esconde soledad, conflictos, heridas, amargura y mucha tristeza. Por esa razón, te recomiendo que evalúes los pensamientos que están dirigiendo tu manera de vivir y atesores en tu corazón este texto bíblico y lo practiques para que esta promesa de Dios se cumpla en tu vida: *"Si mi pueblo, que lleva mi nombre, se humilla y ora, y me busca y abandona su mala conducta, yo lo escucharé desde el cielo, perdonaré su pecado y restauraré su tierra."* (2 Crónicas 7:14, NVI).

¡Decídete a cambiar tu manera de pensar para que puedas cambiar tu manera de vivir, Dios te da la sabiduría y te enseña el camino de la excelencia!

La Palabra de Dios me guía y restaura mi pensamiento.

Notas:

_____

_____

_____

_____

_____

_____

_____

_____

_____

_____

_____

_____

_____

_____

_____

_____

_____

_____

_____

_____

Sobre todo, hermanos míos, no juren ni por el cielo ni por la tierra ni por ninguna otra cosa. Que su "sí" sea "sí", y su "no", "no", para que no sean condenados.

Santiago 5:12, NVI

Mujer,

¡apriétate el cinturón!

Decídete a tener criterio propio

El ingenuo cree todo lo que le dicen;
el prudente se fija por dónde va.

Proverbios 14:15, NVI

Tener criterio propio es hacer un juicio o evaluación de algo o alguien de acuerdo al conocimiento y a la experiencia que hemos acumulado. Es tener una opinión y atrevernos a sostenerla, aunque la mayoría piense diferente. El apóstol Santiago nos advierte que cuando emitamos una declaración, la sostengamos sin jurar ni por el cielo ni por la tierra. Nos insta a que nos ganemos el respeto de la gente con nuestra manera de vivir, de tal manera que nuestra palabra tenga valor y credibilidad. Es por eso que nos dice que tu "sí" sea "sí" y tu "no" sea "no". Es importante señalar que cuando tenemos una convicción (aunque las personas no nos crean), no debemos jurar, lo importante es que nosotras lo creamos y que esa convicción nos dirija a caminos de verdad y justicia. No te impacientes por lo que los demás crean cuando estás actuando conforme al corazón de Dios, lo que sí importa es lo que Dios piense de nosotras.

Solomon Asch fue un psicólogo estadounidense conocido en todo el mundo por sus trabajos en psicología social. Ganó fama y prestigio al hacer una serie de experimentos con los que demostró que la presión social puede inducir voluntariamente a las personas al error. En uno de sus experimentos se le mostraba a los participantes una tarjeta con una línea impresa y enseguida se les enseñaba otra tarjeta en la que aparecían tres líneas impresas. Se le pidió a cada participante que indicara cuál de las líneas coincidía con la línea mostrada en la primera tarjeta. Al principio, los participantes se sentían muy confiados, en la medida en que ofrecían las respuestas que consideraban correctas. Luego, entraron otros individuos que actuaban como si fueran participantes, pero que en realidad habían sido preparados por los investigadores para dar respuestas erróneas, de tal manera que los verdaderos participantes dudaran de las respuestas correctas que habían dado desde el principio. Los resultados mostraron que un 33 por ciento de los participantes se dejaron influenciar al punto de cambiar sus respuestas correctas por las incorrectas. En el experimento quedó demostrado que la presión social es real y actúa de forma directa en la opinión de los individuos. Por tanto, debemos desarrollar un criterio propio bien documentado y alimentar nuestra seguridad emocional de tal manera que cuando tengamos un criterio se pueda sostener, independiente de lo que piensen los demás.

El ser humano es muy dado a copiar lo que "todo el mundo hace" sin fijarse en las tristes consecuencias que esa conducta acarrea. Observa las experiencias y decisiones que toman otros y presta especial atención a los resultados de sus actos. Para lograr tener un criterio propio debes considerar los pensamientos y las experiencias que has ido acumulando desde tu nacimiento a la luz de la verdad del plan perfecto de Dios. Ese plan solo lo encuentras cuando decides estudiar y poner en práctica las enseñanzas de su Palabra. Son estas las que iluminan nuestro entendimiento.

Proverbios te exhorta a guardar tu corazón. Eso implica que estés vigilante para que evalúes todo lo que quiere "entrar" a tu sistema de pensamientos y no permitas que se anide en tu mente ninguna idea que vaya en contra de la Palabra de Dios. Mientras más llenes de Dios tu corazón, menos espacio dejarás a tus instintos y pasiones, y los criterios que formes serán conforme al pensamiento de Dios.

Mujer, apriétate el cinturón y repite:

La Palabra de Dios nutre mis pensamientos. Por su gracia y su verdad tengo un criterio propio saludable y de excelencia.

Notas:

_____
_____
_____
_____
_____
_____

● ● ● ● ● ●

Por lo tanto,
no se angustien
por el mañana, el cual
tendrá sus propios afanes.
Cada día tiene ya sus
problemas.

Mateo 6:34, NVI

● ● ● ● ● ●

Mujer,

¡apriétate el cinturón!

Decídete a decir no, sin sentirte culpable

Todo lo que te viniere a la mano para hacer,
hazlo según tus fuerzas.

Eclesiastés 9:10

Desde que nace, la mujer va aprendiendo a satisfacer las necesidades de los demás sin ocuparse de sí misma. Esa costumbre la traslada a dondequiera que va. Ella piensa que tiene el deber de servir y resolver los problemas de todos, en cualquier momento, en todos los lugares y con todas sus fuerzas. Jamás puede estar fuera de servicio. Ese mensaje de servilismo fue grabado en el corazón de la mujer desde hace cientos de años y se sigue transmitiendo de generación en generación. ¿Sabes por quién? Por la mujer misma que trabaja sin descanso y por el machismo que enseña que al hombre le toca llevar el sustento y a la mujer todo lo demás, que incluye, desde darle amor a los hijos y al esposo, hasta hacer todas las tareas del hogar sin ninguna ayuda de su cónyuge. Es como si lo que definiera a la mujer siempre fuera el estar disponible y complacer a todos.

¡Mujer, decídete! Ya es tiempo de que te detengas en tu carrera desenfrenada por ayudar y complacer en todo momento. Es bello servir y ayudar a otros, y siempre que lo hagas lo debes hacer con amor, pero hay momentos en que tenemos que decir "No". Un "No" sin culpabilidad. Eclesiastés exhorta a que hagas todo lo que te viniere a la mano hacer, pero especifica que lo hagas según tus fuerzas. Sin embargo, la mujer dice "Sí" a todo lo que le piden, aunque no tenga fuerzas y desfallezca. Aprendamos que no siempre se puede decir "Sí", porque hay momentos en que te faltan las fuerzas. Unas veces no puedes comprometerte porque estás cargada de múltiples tareas y otras porque crees que no es prudente hacerlo. Sea por la razón que fuere, es menester que tengas control de tu vida para que puedas decir "No" sin sentir culpabilidad y sin tener que dar tantas explicaciones. Nunca te dejes manipular por nadie y procura que las personas entiendan que no siempre tienes que estar disponible. Ten presente que no estás obligada a decir siempre, "Sí", para que te amen. Eres valiosa y digna de ser amada cuando dices "Sí" y cuando dices "No". Solo tú decides.

Mujer, apriétate el cinturón y repite:

Digo "No", amorosamente y sin sentirme culpable, a todo aquello que atente contra mi fortaleza física, mental o espiritual.

Notas:

_____
_____
_____
_____
_____
_____
_____
_____
_____
_____
_____
_____
_____
_____
_____
_____
_____
_____
_____
_____
_____

No se dejen engañar: "Las malas compañías corrompen las buenas costumbres". Vuelvan a su sano juicio, como conviene, y dejen de pecar. En efecto, hay algunos de ustedes que no tienen conocimiento de Dios; para vergüenza de ustedes lo digo.

1 Corintios 15:33-34, NVI

Mujer,

¡apriétate el cinturón!

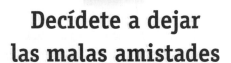

Decídete a dejar
las malas amistades

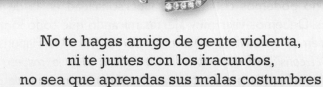

No te hagas amigo de gente violenta,
ni te juntes con los iracundos,
no sea que aprendas sus malas costumbres
y tú mismo caigas en la trampa.

Proverbios 22:24-25, NVI

A veces escuchamos decir: *"¿Qué de malo tiene que tal persona sea mi amiga, si yo no hago lo que ella hace"?* Nada más lejos de la verdad. Estudios revelan que las amistades son una influencia muy fuerte en las actitudes y en el comportamiento de un individuo, de tal manera que los amigos se parecen cada vez más entre sí. Esto quiere decir que si las amistades son buenas y tienen convicciones profundas sobre quién es Dios y lo que Él nos pide que hagamos, su influencia será positiva. Pero de lo contrario, las influencias serán negativas. Conviene saber que la influencia de las amistades es lenta pero constante. Por eso *La Biblia* nos advierte que de las malas amistades salen las malas conversaciones y esas son las que corrompen las buenas costumbres. Hay un refrán pueblerino que dice mucho sobre las malas influencias y cómo nos afectan: *"El que se junta con perros, a ladrar aprende".* Al principio los ladridos nos parecen fuertes, pero luego nos acostumbramos y cuando abrimos los ojos ya ladramos igual o más fuerte que quien nos enseñó.

¿Cómo son tus amistades? ¿Te motivan a superarte? ¿Tienen buen testimonio? ¿Aportan a tu crecimiento emocional y espiritual o te perjudican con sus actitudes? Si tienes o tuvieras hijos, ¿te gustaría que tuviesen amistades como las que tú tienes en este momento? ¿Te hubiera gustado que formaran parte de tu familia?

Por otro lado, es importante destacar que aunque las amistades sean las mejores y exhiban las mejores costumbres, no podemos diluir nuestra personalidad en la de los demás. Debemos vivir muy alertas mirando que todo lo que integremos a nuestras vidas pase por el filtro de Filipenses 4:8: *"...consideren bien todo lo verdadero, todo lo respetable, todo lo justo, todo lo puro, todo lo amable, todo lo digno de admiración, en fin, todo lo que sea excelente o merezca elogio"* (NVI). Si lo que vemos en otros no es verdadero, justo, puro, amable, digno de admiración o excelente; no lo debemos imitar. Cultivemos amistades que aporten elementos positivos a nuestra vida.

Mujer, apriétate el cinturón y repite:

Me relaciono con personas que viven de acuerdo a las enseñanzas de Dios y soy una influencia positiva en sus vidas.

Notas:

_____
_____
_____
_____
_____
_____
_____
_____
_____
_____
_____
_____
_____
_____
_____
_____
_____
_____
_____

• • • • • •

Confía en el SEÑOR de todo corazón, y no en tu propia inteligencia. Reconócelo en todos tus caminos, y él allanará tus sendas. No seas sabio en tu propia opinión; más bien, teme al SEÑOR y huye del mal.

Proverbios 3:5-7, NVI

• • • • • •

Mujer,

¡apriétate el cinturón!

Decídete a tomar buenas decisiones

Atiende al consejo y acepta la corrección,
y llegarás a ser sabio.

Proverbios 19:20, NVI

Una decisión es una elección dirigida a lograr un objetivo específico. Cada día necesitamos tomar muchas decisiones y todas estas van trazando el rumbo que seguirá nuestra vida. Lo que estás experimentando hoy, sea positivo o negativo, es el resultado de decisiones que tomaste en el pasado. El hecho de reconocer que tomaste decisiones equivocadas no es para que te sientas culpable sino para que comiences a enderezar tus pasos. Tú sola no puedes encaminarte hacia el bien porque no conoces el futuro, lo único que puedes ver es lo que ya viviste y el momento que estás viviendo. No obstante, Dios conoce tu pasado, tu presente y tu futuro, y te pide que confíes en Él de todo corazón, que no seas sabia en tu propia opinión, para que Él pueda enderezar tu camino. Hasta que no te cultives en el estudio y la práctica de los preceptos bíblicos, no conocerás la voluntad de Dios y sin conocerla, no podrás tomar decisiones sabias. La clave del éxito en la toma de decisiones es confiar en Dios y pedirle sabiduría a Él, pues fue quien nos creó y sabe mejor que nadie lo que nos conviene y lo que necesitamos.

Hay decisiones que no tienen trascendencia si nos equivocamos, pero hay otras que pueden cambiar totalmente el rumbo de nuestra vida o pueden provocar mucho dolor. Cada decisión que vayas a tomar debes razonarla y analizar las diferentes alternativas que tienes, con sus respectivas consecuencias. Además, debes evaluar si esa decisión que estás tomando está de acuerdo con las enseñanzas que Dios nos revela en su Palabra y si estás haciendo el análisis con la mente o con el corazón. Las emociones son importantes en la vida de todos, se deben considerar a la hora de hacer una elección, pero no pueden ser las que dirijan y decidan tu vida porque son muy cambiantes. Es imprescindible razonar y velar que el corazón no te nuble el entendimiento. La mayoría de las malas decisiones tienen sus raíces en el apego a los sentimientos. El momento en que se toma una decisión también es muy importante. Las decisiones sabias se toman en momentos de sosiego y análisis.

Mujer, apriétate el cinturón y repite:

**Con la guía de Dios
me sosiego, analizo y
tomo sabias decisiones.**

Notas:

_____

_____

_____

_____

_____

_____

_____

_____

_____

_____

_____

_____

_____

_____

_____

_____

_____

_____

_____

_____

_____

_____

_____

•••••••

Por último, hermanos,
consideren bien
todo lo verdadero,
todo lo respetable,
todo lo justo,
todo lo puro,
todo lo amable,
todo lo digno
de admiración,
en fin, todo lo que
sea excelente o
merezca elogio.

Filipenses 4:8, NVI

••••••

Mujer,

¡apriétate el cinturón!

Decídete a no ir en contra de tus principios

El Señor aborrece a los de corazón perverso,
pero se complace en los que viven con rectitud.

Proverbios 11:20, nvi

La mujer necesita desarrollar carácter y tener muy definidos, en su mente y en su corazón, cuáles son sus convicciones y cuál es su filosofía de vida. El hecho de que la mujer ame a un hombre no significa que haga todo lo que él le pida como si ella fuera una marioneta. La mujer prudente corrige a su esposo cuando sabe que está haciendo algo en contra de los principios bíblicos. Por ejemplo, puedes explicarle, por qué tú jamás accederías a la pornografía o a cualquier otra práctica que vaya en contra de lo que nos dice Filipenses 4:8. Este pasaje concluye invitándonos a que, al momento de tomar una decisión, la evaluemos tomando en cuenta los siguientes puntos: si es verdadero, si es honesto, si es justo, si es puro, si es de buen nombre, si posee virtud y si es digno de alabanza. Si reúne estos requisitos podemos practicar la acción. Este debe ser siempre el filtro por el cual debemos pasar nuestros pensamientos y acciones. La pornografía no pasa por el filtro porque no es digna ni honesta ni justa; porque denigra a la mujer y la ridiculiza; porque daña tanto el corazón del hombre como el de la mujer, y porque envenena el matrimonio. Explícale a tu esposo qué poca creatividad tiene el hombre que necesita que su esposa vea a otras personas teniendo relaciones sexuales para avivar la pasión en ella. Niégate a acceder a cualquier petición que te haga y que tú consideres que está en contra de tus convicciones o valores.

Jamás te corrompas ni te dañes por complacerlo a él ni a nadie, por miedo a perderlo o por la creencia equivocada de que si no lo hace contigo lo hará con otra mujer. La pornografía es progresiva, la maldad también; va a llegar el momento en que nada te va a satisfacer y te vas a sentir sola. Además, las peticiones de él van a seguir creciendo hasta pedirte sexo entre tres o quién sabe qué aberración. Enséñale a tu esposo que la ruta de la pasión comienza cultivando una relación profunda, llena de ternura, de comprensión y de entrega del uno al otro. La pornografía ni nada que atente contra tu dignidad, podrá inspirar la verdadera unión sagrada que debe ocurrir en el matrimonio.

Jamás aceptes hacer algo que vaya en contra de tus principios, ya sea por ganar aceptación, por amor, por miedo a perder una amistad o un trabajo. Recuerda que las convicciones nunca deben ser negociables.

Mujer, apriétate el cinturón y repite:

**Solamente hago
lo que honra a Dios
y lo que honra mi vida.**

Notas:

_____
_____
_____
_____
_____
_____
_____
_____
_____
_____
_____
_____
_____
_____
_____
_____
_____
_____
_____
_____
_____
_____

• • • • • •

Vale más
la buena fama que las
muchas riquezas,
y más que oro
y plata, la buena
reputación.

Proverbios 22:1, NVI

• • • • • •

Mujer,
¡apriétate el cinturón!

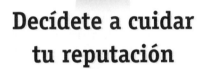

Decídete a cuidar tu reputación

Contarás con el favor de Dios
y tendrás buena fama entre la gente.

Proverbios 3:4, NVI

Con frecuencia escuchamos decir: *"Yo no vivo con la gente, por eso no me importa lo que digan de mí"*. Este comentario es muy despectivo y da la impresión de que la persona quiere vivir sin sujetarse a ninguna norma de conducta. Todos vivimos en una sociedad que, a pesar de todos los problemas existentes, todavía mantiene una serie de reglas para facilitar la convivencia entre unos con otros.

La reputación es la opinión que se han formado los demás de nosotras de acuerdo a lo que perciben de nuestras ejecutorias. Aquí están incluidos desde nuestro núcleo familiar cercano hasta quien solo nos ha visto una vez en una conferencia, en la televisión o brindando cualquier servicio en particular. En dondequiera que vamos hay personas observándonos, y el conjunto de comentarios que se van sumando y se van propagando, constituyen nuestra reputación. Zig Ziglar, un reconocido motivador y escritor estadounidense, comentó en uno de sus libros que las personas deberíamos actuar siempre como si estuviéramos ante una cámara de televisión encendida, ya que durante una de sus conferencias observó que los estudiantes se veían indiferentes y con malas posturas, pero cuando tomaron conciencia de que habían comenzado a filmar la actividad, todos se enderezaron, se peinaron y se mostraron atentos. Proverbios 22:1 dice que es mejor el buen nombre que las muchas riquezas.

Algunos artistas se conducen escandalosamente para ganar fama y vender un producto. Otros individuos como Lee Harvey Oswald, el alegado asesino del ex Presidente de los Estados Unidos, John F. Kennedy, han cometido horrendos crímenes para conseguir reconocimiento. Dios nos exhorta a no ganar fama a costa de un acto denigrante sino a tener un buen nombre que esté basado en la integridad y en la obediencia a los preceptos que Él estableció en su Palabra. Proponte tener un buen nombre que honre a Dios y que te honre a ti misma. Que nadie te pueda señalar por actos denigrantes y que si alguien murmurara de ti, que fuera por pura calumnia. Así Él lo establece en 1 Pedro 3:15-17: *"Más bien, honren en su corazón a Cristo como Señor. Estén siempre preparados para responder a todo el que les pida razón de la esperanza que hay en ustedes. Pero háganlo con gentileza y respeto, manteniendo la conciencia limpia, para que los que hablan mal de la buena conducta de ustedes en Cristo, se avergüencen* de sus calumnias. Si es la voluntad de Dios, es preferible sufrir por hacer el bien que por hacer el mal."

Mujeres, no vivimos con la gente pero vivimos entre la gente, cuidemos nuestra manera de vivir que es lo que define nuestro buen nombre. Que en todo momento podamos caminar con la frente en alto porque nuestro testimonio y nuestra credibilidad son intachables.

Mujer, apriétate el cinturón y repite:

Me perdono mis errores pasados, me valoro y actúo siempre con conciencia.

𝒩otas:

_____
_____
_____
_____
_____
_____
_____
_____
_____
_____
_____
_____
_____

· · · · · ·

Los labios sinceros
permanecen para
siempre, pero la
lengua mentirosa dura
solo un instante.

Proverbios 12:19, NVI

· · · · · ·

Mujer,

¡apriétate el cinturón!

Decídete a aferrarte a la verdad

Adquiere la verdad y la sabiduría, la disciplina
y el discernimiento, ¡y no los vendas!

Proverbios 23:23, NVI

El proverbista exalta la verdad y la coloca junto a la sabiduría, la enseñanza y la inteligencia. Expresa que todas estas cualidades son valiosas y que si se pudieran comprar habría que adquirirlas a las tres sin importar cuánto costaran. Asimismo añade que jamás se deberían vender.

La mujer sabia es inteligente y por tanto, se expresará siempre diciendo la verdad, la enseñará a su familia y será siempre fiel a los principios que Dios estableció en su Palabra.

La verdad a veces es dolorosa, a veces implica pagar más o perder beneficios, pero el dolor es momentáneo y la paz mental es incomparable. Mientras que la mentira carcome la conciencia y tarde o temprano queda al descubierto. Por eso, el proverbista compara la verdad con la mentira y asevera que la verdad permanece para siempre mientras la vida de la mentira es muy corta: *"El labio veraz permanecerá para siempre; mas la lengua mentirosa solo por un momento"*, (Proverbios 12:19).

Mujer, ¡decídete a aferrarte a la verdad! Aferrarse es asirte de algo fuertemente porque te ofrece seguridad, salvación, bienestar y paz. Implica que no te soltarás por nada del mundo, porque sabes que al hacerlo perecerás. La verdad te hace libre, te libra de la vergüenza, te liberta de la culpa, evita que contraigas muchas enfermedades y te hace vivir sin temor. Si hasta ahora has vivido entre mentiras, pídele perdón a Dios, perdónate a ti misma y disfruta de los beneficios de ser sincera.

Mujer, apriétate el cinturón y repite:

En el poderoso nombre de Cristo, me libero de la esclavitud de la mentira y hablo palabras de verdad.

Notas:

_____

_____

_____

_____

_____

_____

_____

_____

_____

_____

_____

_____

_____

_____

_____

_____

_____

_____

_____

_____

_____

_____

_____

Semana 23

Pero al que
comete adulterio
le faltan sesos;
el que así actúa se
destruye a sí mismo.

Proverbios 6:32, NVI

Mujer,
¡apriétate el cinturón!

Decídete a ser siempre fiel

No cometerás adulterio.

Deuteronomio 5:18

Cada día aumentan más los casos de infidelidad en la mujer. Me atrevo a inferir que esta práctica es una venganza colectiva que muchas mujeres han adoptado por la propia infidelidad, los menosprecios, los rechazos, la indiferencia y el desamor que muchísimas de ellas han sufrido y están sufriendo todavía. Sin embargo, incurrir en actos de infidelidad ha dejado desolación y dolor en el desarrollo emocional de la mujer. Siempre que quebrantamos los principios divinos, hay dolor.

Ese sufrimiento lo veo en muchísimas mujeres que llegan a mi consulta deshechas porque no se explican cómo terminaron siendo infieles. Ellas me confiesan que se sienten muy sucias y se les hace muy difícil perdonarse a sí mismas. A esta carga emocional le añadimos que socialmente el adulterio se percibe como un acto espantoso e imperdonable cuando lo hace la mujer; mientras que cuando el infiel es el hombre, se considera como algo normal y hasta menos condenable. No obstante, la desobediencia a los principios divinos, es pecado y trae consecuencias negativas y dolorosas tanto para el hombre como para la mujer, los hijos, la familia y la sociedad. Nosotras debemos recordar siempre que se imita solo lo bueno. Las acciones negativas de los demás nos deben servir para mostrarnos lo mal que nos veríamos y cuánto sufriríamos si hiciéramos lo mismo.

Si Dios nos dice en su Palabra que no adulteremos y que quien lo hace no tiene sabiduría porque está practicando algo que es para su propia destrucción, ¿por qué desobedecerlo? Obedece a Dios y no pases por el dolor de tantas mujeres que se han sentido culpables y denigradas después de ese acto de infidelidad. Si ya lo has hecho, pídele perdón a Dios y perdónate a ti misma. Si no lo has hecho, jamás te acerques a situaciones peligrosas, no importa cómo sea el comportamiento de tu esposo. Nada justifica el adulterio. En lugar de ser infiel, aprende a comunicarte asertivamente con tu esposo y busquen soluciones para sus conflictos. Los conflictos que no se resuelven, se acumulan creando ira retenida y depresión. Si después de buscar ayuda, la relación se sigue deteriorando y la tensión sigue aumentando, debes considerar la separación. Muchas veces las personas, evitando un divorcio en el tribunal, optan por un divorcio emocional que afecta tanto o más que el divorcio legal. No obstante, cuando hay voluntad y ambos se someten a doblegar su yo por el bienestar de la relación, con la ayuda de Dios pueden lograr resolver sus dificultades. Todo depende del compromiso que tengan ambos con ellos mismos como individuos, con la institución del matrimonio y con Dios.

Me respeto, me valoro y decido ser fiel a Dios, a mí misma, a mis principios y a mi esposo.

Notas:

_____
_____
_____
_____
_____
_____
_____
_____
_____
_____
_____
_____
_____
_____
_____

• • • • • •

Fuente de vida es la prudencia para quien la posee; el castigo de los necios es su propia necedad.

Proverbios 16:22, NVI

• • • • • •

Mujer,
¡apriétate el cinturón!

Decídete a nunca tener un confidente del sexo opuesto

Hay caminos que al hombre le parecen rectos,
pero que acaban por ser caminos de muerte.

Proverbios 16:25, NVI

Un confidente es una persona de confianza a quien otra le fía o le entrega sus más profundos sentimientos, pensamientos y secretos. Esa capacidad de ir entrando poco a poco en el mundo interior de otra persona es lo que va desarrollando lo que se conoce como vínculo emocional. Esta característica es indispensable en el desarrollo de una relación de amor sólida y duradera, pero es también la responsable de iniciar relaciones sentimentales, por lo propicio de la atmósfera de intimidad que se genera.

La mujer debe de cuidarse de no establecer una relación tan íntima como la que se genera en la confidencia, para que evite caer en una relación de amor no deseada o en una relación de infidelidad si está casada o comprometida en el noviazgo. Los problemas que la mujer comparte con un confidente, casi siempre son de índole amoroso: infidelidad, amores no correspondidos, soledad o indiferencia del ser querido. Esta intimidad provoca que ambos lleguen a identificarse hasta crear un lazo emocional. La mayoría de los casos de infidelidad que he visto en consejería, comentan que no saben cómo llegaron a esa relación y suele ser así porque, en la confidencia, el proceso de enlace es lento, pero fuerte.

Cuando tengas una situación estresante que entiendas que además de tener la ayuda espiritual necesitas hablarla con alguien, selecciona a una persona:

- Que ame a Dios sobre todas las cosas.
- Que sea de tu mismo sexo.
- Que viva y proyecte en su vida diaria, estabilidad emocional e integridad.
- Que sea discreta.
- Que sea optimista (ve los problemas pero considera las alternativas para resolverlos).
- Que no se refugia en la bebida cuando pasa por situaciones difíciles.
- Que la gente que la conoce la respete por su manera de hablar y de vivir.

Siempre debes tener presente, que tus pensamientos y sentimientos son demasiado importantes para que los divulgues a cualquier persona y en todo momento. Por el contrario, son tu vida misma y debes ser muy cuidadosa a la hora de seleccionar lo que compartes y con quien lo haces.

Mujer, apriétate el cinturón y repite:

**En el silencio de
la oración encuentro
refugio y consuelo.
Dios es mi mejor confidente.**

Notas:

_____
_____
_____
_____
_____
_____
_____
_____
_____
_____
_____
_____
_____
_____
_____
_____
_____
_____
_____
_____
_____
_____

● ● ● ● ● ●

Hijo mío, conserva
el buen juicio;
no pierdas de vista
la discreción.
Te serán fuente de
vida, te adornarán
como un collar.

Proverbios 3:21-22, NVI

● ● ● ● ● ●

Mujer,

¡apriétate el cinturón!

Decídete a ser discreta

Yo, la sabiduría, convivo con la prudencia
y poseo conocimiento y discreción.

Proverbios 8:12, NVI

El libro de Proverbios exalta la discreción y la compara con una fuente, que no solo adorna y embellece a quien la posee sino que da vida. La mujer discreta se distingue porque piensa cuidadosamente antes de hablar y actuar, se relaciona muy bien con las demás personas y es alguien en quien se puede confiar. Es muy observadora y sabe qué hablar, cuándo hablar y cuándo permanecer callada. André Maurois, un novelista y ensayista francés, resumió en este pensamiento lo que significa la discreción: *"No decir más de lo que haga falta, a quien haga falta y cuando haga falta"*.

La mujer discreta observa lo que pasa a su alrededor, comparte con las personas que le rodean, pero es dueña de sus pensamientos y de su vida personal. Sabe escuchar a todo el que se le acerca, pero se cuida de hacer comentarios que no sean edificantes. No se presta para la murmuración ni sus acciones dependen de los comentarios o prejuicios que puedan tener otros. Cada palabra que sale de su boca está sazonada con prudencia. Sabe socializar muy bien sin caer en la indiscreción y está capacitada para señalar límites en las relaciones interpersonales. No comenta sus situaciones íntimas con cualquier persona porque está convencida de que somos dueñas de lo que callamos y esclavas de lo que decimos. Así que la mujer discreta sabe que no resuelve nada compartiendo su vida privada con nadie, a menos que sea alguien que haya demostrado con su ejemplo que es discreta y está preparada para darle un consejo sabio. Cuando ve a alguien hacer algo incorrecto, le corrige con firmeza, pero con amor, porque ella jamás será colaboradora del mal.

¿Te consideras una mujer discreta o compartes tu vida privada con mucha gente? ¿Das a conocer tus intimidades por la Internet? Si es así, recuerda que nunca es tarde para cambiar nuestras malas costumbres. Comienza hoy a practicar la discreción para que adornes tu vida con esa prenda preciosa y descubras los beneficios de usar ese collar. El autor de Proverbios dice que la sabiduría es como una mujer que convive con la prudencia, con el conocimiento y la discreción. Así queda demostrado que una mujer sabia es prudente (actúa con precaución para evitar daños), posee conocimiento y es discreta (sensatez y tacto para hablar y obrar). Si no has desarrollado estos atributos comienza hoy a imaginarte cómo serías si los tuvieras, luego agárrate fuertemente de la mano de Dios y practícalo. Si lo ves con tu mente y tu corazón, lo puedes lograr. Dios quiere lo mejor para ti.

Mujer, apriétate el cinturón y repite:

Con la ayuda de Dios, me comunico con discreción y sabiduría; reflexiono antes de hablar y actuar.

Notas:

● ● ● ● ● ●

Que habite en ustedes la palabra de Cristo con toda su riqueza: Instrúyanse y aconséjense unos a otros con toda sabiduría; canten salmos, himnos y canciones espirituales a Dios, con gratitud de corazón. Y todo lo que hagan, de palabra o de obra, háganlo en el nombre del Señor Jesús, dando gracias a Dios el Padre por medio de él.

Colosenses 3:16-17, NVI

● ● ● ● ● ●

Mujer, ¡apriétate el cinturón!

Decídete a cuidar tus palabras

Panal de miel son las palabras amables:
endulzan la vida y dan salud al cuerpo.

Proverbios 16:24, NVI

La *Biblia* nos exhorta a que permitamos que las Palabras de Cristo habiten en nuestro corazón para que podamos ser agradecidos por lo que Dios ha hecho en nuestras vidas y, en agradecimiento a ello, nos expresemos con nuestro prójimo con sabiduría, palabras de amor y de consejo sabio. Las palabras que tienen origen en un corazón agradecido, endulzan y sanan su propia vida y la de todos los que se acercan.

Una palabra puede destruir o construir, sanar o enfermar. Por medio de la Palabra, Dios creó el mundo y Jesucristo sanó enfermos, consoló a los afligidos y libertó al cautivo. Asimismo, llenó de fe a Marta cuando lloraba por la muerte de su hermano Lázaro al decirle: *"¿No te dije que si crees verás la gloria de Dios?"* (Juan 11:40) y acto seguido, con el poder de su Palabra, le ordenó a Lázaro que se levantara de entre los muertos y Lázaro respondió a su llamado.

Es bello cuando usamos las palabras para bendecir a otros y para levantar a los que emocional y espiritualmente están muertos. Cada palabra que pensamos y que sale de nuestro corazón provoca en nuestra vida una sensación de bienestar y felicidad o de destrucción total. Y es que lo que decimos afecta tanto a quien nos dirigimos como a nosotras mismas. Entonces, ¿por qué hablar usando palabras soeces? ¿Por qué maldecir a otros con palabras destructivas, si Proverbios 18:20-21 nos advierte que quienes aman la palabra, comerán de su fruto? Si quieres saborear el fruto dulce de la buena palabra, necesitas usar tu lengua para proferir palabras que dan vida. Nunca he podido olvidar las palabras del filólogo puertorriqueño, Jorge Luis Porras Cruz, en su ensayo *"Individuo, sociedad y lengua"*, a pesar de que ya han pasado 40 años desde que lo leí por primera vez. ¡Imagínate el poder que tienen las palabras! Porras Cruz indicaba que la manera de expresarnos revela quiénes somos, a qué nos dedicamos y qué nivel de educación poseemos. Estas palabras las guardé en mi corazón desde los 17 años y siempre las recuerdo con amor. Imagínate, cuánta responsabilidad hay en nosotras por ser hijas de Dios. ¿Nuestras palabras revelan quién es nuestro Padre?

Es hora de que medites sobre cómo estás usando tu lengua y decidas que siempre la usarás para bendecir, para motivar a otros a los buenos pensamientos y a las buenas acciones. Esta práctica me ha dado muchas satisfacciones y felicidad a mi vida. Independientemente de cómo actúen y de lo que digan los demás, tú decide usar con amor y sabiduría el instrumento que Dios te concedió, la lengua. Reflexiona y pregúntate: "¿Cómo me ven los demás, cómo me recuerdan? ¿Qué imagen llega a su pensamiento cuando me recuerdan? ¿Qué sensaciones experimentan cuando me recuerdan? ¿Sienten deseos de volverme a ver?".

Mujer, apriétate el cinturón y repite:

Dios se expresa a través de mi boca con palabras de bendición.

Notas:

_____
_____
_____
_____
_____
_____
_____
_____
_____
_____
_____
_____
_____
_____
_____

●●●●●●

Más vale ser
paciente que
valiente; más vale
dominarse a sí mismo
que conquistar
ciudades.

Proverbios 16:32, NVI

●●●●●●

Mujer,
¡apriétate el cinturón!

Decídete a controlar
tu temperamento

Pues Dios no nos ha dado
un espíritu de timidez, sino de poder,
de amor y de dominio propio.

2 Timoteo 1:7, nvi

La historia siempre ha reconocido a los grandes héroes que han conquistado ciudades; a las personas inteligentes que se han destacado por sus inventos y a quienes han descubierto vacunas para combatir alguna temible enfermedad, pero no se le ha dado la importancia que merecen a aquellos que han dominado su temperamento.

A través del libro de Proverbios Dios exalta el valor que tiene el hecho de dominar nuestro temperamento e incluso afirma que es más importante el que se domina a sí mismo y toma control de sus emociones, que quien conquista una ciudad. Con esta comparación nos deja ver cuán difícil es para el ser humano tomar las riendas de su vida y cómo su peor enemigo es él mismo. El hombre y la mujer no pueden lograr conquistar a la fiera que existe dentro de ellos mismos sin la intervención divina en su corazón. Solo Dios, quien te creó a ti y a mí, conoce nuestra necesidad y cómo suplirla. Solo Él nos provee las fuerzas para desarrollar dominio propio.

¿Sabías que cuando te acostumbras a experimentar ira y toda clase de bajas pasiones por mucho tiempo, tu cuerpo se mantiene segregando unas determinadas hormonas que pueden hasta llegar a hacerte adicta a las sensaciones negativas? Es por eso que a las personas se les dificulta tanto liberarse de esas actitudes negativas, aunque saben que les hacen daño. La persona iracunda demuestra una pobre autoestima, mucha inseguridad y muy poca madurez. Cuando incorporas a Dios en tu vida, no tienes que gritar para demostrar que tienes la razón o que eres valiosa. Ese paso sencillo, pero significativo, te hace sentir que no estás sola y que no tienes que demostrarle a nadie que tienes la razón para sentirte valiosa. Al sentirte valorada puedes expresar de manera sosegada lo que anhelas, mereces y exiges, sin luchar por el poder, porque, sencillamente, tu conciencia divina te hace poderosa.

Mujer, apriétate el cinturón y repite:

**El poder de Dios que
está en mí me capacita
para dominar
mis emociones.**

Notas:

_____
_____
_____
_____
_____
_____
_____
_____
_____
_____
_____
_____
_____
_____
_____
_____
_____
_____
_____
_____
_____

● ● ● ● ● ●

Porque los mandamientos que dicen: "No cometas adulterio", "No mates", "No robes", "No codicies", y todos los demás mandamientos, se resumen en este precepto: "Ama a tu prójimo como a ti mismo". El amor no perjudica al prójimo.

Romanos 13:9-10, NVI

● ● ● ● ● ●

Mujer,

¡apriétate el cinturón!

Decídete a dejar de criticar

Por tanto, no tienes excusa tú,
quienquiera que seas, cuando juzgas a los demás,
pues al juzgar a otros te condenas a ti mismo,
ya que practicas las mismas cosas.

Romanos 2:1, nvi

El diccionario define crítica como censurar a alguien o a algo. Quizás sea precisamente por lo que implica esa definición, que la crítica nos desagrada a todos: a los hombres, a las mujeres, a los niños, a los ancianos y aún hasta a quienes defienden la llamada crítica constructiva. Muchos han querido establecer una diferencia entre la crítica negativa, viciosa o destructiva y lo que se ha denominado como crítica constructiva, pero la realidad es que cuando nos toca recibirla, todos la detestamos. Si a la acción de criticar le añadimos una actitud negativa, la hacemos aún más triste. La crítica empequeñece y frustra a quien la recibe. En lugar de estimularle al crecimiento, hace que afloren sentimientos que a su vez provocan actitudes y acciones negativas en vez de positivas. Por lo general, las personas que son criticadas, en lugar de querer mejorar, se tornan a la defensiva y se cierran al cambio. Si la crítica no abona a las buenas relaciones ni al cambio de conducta, ¿por qué seguir usándola?

Se dice que Lee Harvey Oswald, el alegado asesino del ex Presidente de Estados Unidos John F. Kennedy, fue un ser que desde niño fue criticado cruelmente por su madre y luego por su esposa. Al parecer, la crítica fue constante e hiriente hasta llegar a vejar su dignidad y su valía. Algunos estudiosos del comportamiento humano que han analizado su caso han señalado que eso fue lo que le llevó a participar en el asesinato de quien en aquel momento era considerado el máximo símbolo del hombre exitoso (un dirigente político carismático, con una esposa bella, unos hijos adorables y en conjunto, a la vista de la sociedad, la familia perfecta). Considero que con la muerte de Kennedy, Oswald intentaba destruir lo que él creyó que nunca podría llegar a alcanzar en su vida personal.

¿Cuánto sufren los hijos, las mujeres y los hombres con la crítica? En mi práctica como Consejera de Familia he conocido hombres que me han confesado que han ayudado a sus esposas en las tareas del hogar y han sido criticados por ellas a tal punto que ya no quieren seguir haciéndolo. También he atendido a mujeres que han sido tan criticadas por sus esposos que se sienten que no sirven para nada. Asimismo, he visto muchos niños que no han sido elogiados por sus padres o maestros, pero sí criticados hasta la saciedad y se han convertido en jóvenes y adultos inseguros. La crítica ha sido y es un arma mortal para quienes la sufren. En lugar de criticar, elogia. En mi hogar hay un letrero invisible que dice: *"Si no tiene nada bueno que decir, no lo diga"*, pero mientras escribía esta reflexión decidí que lo voy a cambiar por uno más contundente, que sé que les va a gustar: *"Si no tiene nada bueno que decir, enmudezca"*. Creo que es mejor enmudecer que perjudicar con nuestra crítica a la gente que amamos. El verdadero amor no perjudica al prójimo, lo bendice.

Mujer, apriétate el cinturón y repite:

Bendigo a mi prójimo con palabras de amor, elogio y aceptación.

Notas:

_____

_____

_____

_____

_____

_____

_____

_____

_____

_____

_____

●●●●●●

No se engañen: de Dios nadie se burla. Cada uno cosecha lo que siembra. El que siembra para agradar a su naturaleza pecaminosa, de esa misma naturaleza cosechará destrucción; el que siembra para agradar al Espíritu, del Espíritu cosechará vida eterna.

Gálatas 6:7-8, NVI

●●●●●●

Mujer,

¡apriétate el cinturón!

03-21-2013
Thursday

Decídete a no culpar a los demás

Que cada uno cargue
con su propia responsabilidad.

Gálatas 6:5, NVI

Una señal de madurez es cuando las personas, en lugar de culpar a otros por las situaciones que se les presentan en la vida, asumen responsabilidad por sus actos. *La Biblia* nos enseña que no debemos engañarnos a nosotros mismos sino que debemos estar conscientes de que todo lo que sembremos eso también cosecharemos. Esto significa que vamos edificando nuestra vida con cada decisión que tomamos y cada acción que ejecutamos. El resultado que logramos es el producto de las decisiones y acciones que tomamos. Por eso el consabido dicho: *"¡Qué duro me ha dado la vida"*, implica que estamos delegando nuestra responsabilidad en alguien (como el ex esposo, un familiar, un amigo, un compañero de trabajo, el diablo o incluso hasta en Dios) o en algo más (como el horóscopo, el destino o la mala suerte) en lugar de asumir la responsabilidad de nuestros actos. ¿Por qué no decimos mejor: *"Qué duro yo le he dado a la vida al tomar decisiones que están divorciadas del plan de Dios"*? De esta manera comenzamos a crear conciencia de que no es la vida o el destino esa fuerza invisible que no podemos combatir. Es el desconocimiento de nuestra naturaleza espiritual y el total descuido de nuestra relación con Dios. La Palabra nos dice que sin Él nada podemos hacer. Desconectadas de Dios tomamos rutas equivocadas porque estamos en oscuridad. Jesús es la luz que ilumina nuestro entendimiento. Deja de culpar a los demás, necesitas tomar las riendas de tu vida y con la sabiduría que Dios te da —si se la pides— lograrás vivir de acuerdo a sus estatutos.

¿Cuántas mujeres viven culpando a los hombres de su desdicha; a sus padres por no haber estudiado y a la vida misma por no haberles dado lo que ellas esperaban? No pierdas tiempo quejándote, culpando a otros, o, incluso, culpándote a ti misma. En lugar de frustrarte, deprimirte y sentirte fracasada admite: *"Me equivoqué, pero, con la ayuda de Dios, me levantaré y saldré victoriosa de esta situación"*. La culpa trae depresión, pero el reconocer que somos responsables de nuestros errores nos dirige a la corrección.

Convierte las experiencias negativas en eficaces lecciones para tu vida. Reflexiona en torno a las situaciones difíciles o a los errores cometidos, y esfuérzate en descubrir qué enseñanzas puedes aprender de esa mala experiencia. Integra ese aprendizaje a tu sistema de pensamientos y tendrás un recurso con el que podrás responder positivamente si se te presenta una situación similar en el futuro. Incorporar las lecciones aprendidas a nuestra forma de pensar es lo que se convierte en eso que llamamos experiencia. Eres responsable de tu propia vida, y todo lo que pasa, y cómo lo resuelves, depende de la actitud mental que asumas; de cuánto hayas aprendido de tus errores pasados y de las acciones que decidas tomar. Dejemos de gastar energías culpando a otros de nuestras desdichas y fracasos, porque así no logramos adelantar ni un paso en nuestro caminar por la vida. Asumamos responsabilidad, acumulemos experiencia, pidamos perdón a Dios por desobedecer su plan perfecto, perdonemos a los que nos han ofendido en el proceso, perdonémonos a nosotras mismas por los errores cometidos y seamos felices. ¡Adelante, siempre adelante!

Mujer, apriétate el cinturón y repite:

Soy responsable de mi vida y salgo victoriosa de todo reto porque Dios está conmigo.

Notas:

_____

_____

_____

_____

_____

_____

_____

_____

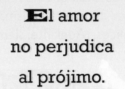

● ● ● ● ● ●

El amor
no perjudica
al prójimo.

Romanos 13:10, NVI

● ● ● ● ● ●

Mujer,

¡apriétate el cinturón!

Decídete a dejar de ser controladora

Por lo tanto, no se angustien por el mañana,
el cual tendrá sus propios afanes.
Cada día tiene ya sus problemas.

Mateo 6:34, NVI

Las mujeres controladoras son aquellas que siempre están pendientes de velar por todos los detalles en cualquier escenario en el que se encuentren, ya sea en el trabajo, en el hogar, en sus relaciones de pareja o con sus hijos. Ellas creen que las cosas solo están bien hechas y marchan correctamente cuando se hacen a su manera. Para asegurarse de que así sea, intentan tener el control de todo lo que les rodea. Critican mucho a los demás, porque creen que nadie es tan eficiente como ellas. Sin embargo, detrás de esa actitud de control que quieren ejercer, siempre esconden una baja autoestima y una terrible inseguridad que, por lo general, tiene su origen en la niñez. Las mujeres controladoras suelen ser hijas de madres o padres controladores, o provienen de hogares en los que hubo muchos conflictos que les provocaron una profunda angustia. Esa angustia se convirtió en ira retenida, que a su vez dio paso a una gran hostilidad, razón por la cual estas mujeres albergan muchas frustraciones que responden a los sueños que nunca han podido cumplir. Esta compulsión de controlarlo todo hace que muchísimas veces hieran a la gente que les rodea, en especial a aquellos que aman. A estas personas se les hace muy difícil superar su problema porque creen que su manera de actuar está bien y que es su deber esforzarse para que se haga todo como ellas creen que debe ser.

En el matrimonio ellas lo deciden todo, desde cómo decorar la casa hasta la ropa con la que debe vestirse su cónyuge, porque a fin de cuentas "nadie sabe tanto como ellas". Lo curioso del caso es que estas mujeres controladoras ejercen control sobre todo y sobre todos, pero son incapaces de manejar efectivamente sus asuntos y sus emociones. Esta actitud genera desasosiego en los que están cerca de ellas y crea una atmósfera de tensión en el hogar.

En su afán por controlar a los demás, pierden de vista su propia vida, sus sueños y aspiraciones. Se sienten muy solas y frustradas, porque la realidad es que nadie puede controlar la conducta ni las costumbres de nadie. Es importante señalar que con esa conducta de cuidadora, la mujer lo que persigue inconscientemente es sentirse necesaria y amada por la persona que, según ella, está protegiendo.

Si te has identificado con algunas de estas características, necesitas urgente hacer cambios en tu conducta. Dios nos exhorta a vivir confiadas y no angustiadas. Asimismo, nos enseña que el verdadero amor no es egoísta. Cuando quieres vivir la vida de los demás demuestras falta de fe y confianza en Dios. Es importante que decidas ahora mismo cambiar esa actitud controladora porque a nadie le gusta vivir con alguien que le domina y le mantiene confinado a su voluntad. Además, tú misma te estás haciendo daño. En lugar de controlar a los demás, es hora de que aprendas a ejercer dominio sobre tus emociones. Recuerda siempre que puedes ofrecer ayuda u orientación cuando te la piden, pero si acostumbras imponer tu voluntad vas a ser rechazada dondequiera que vayas. De ninguna manera podemos cambiar a nadie, pero si nosotras cambiamos nuestras actitudes negativas, los que están a nuestro alrededor por lo general cambiarán. Aprende a vivir tu vida y no la de los demás. La vida es una sola, disfrútala.

Mujer, apriétate el cinturón y repite:

Descanso en la confianza de que Dios está en control de todo.

Notas:

_____
_____
_____
_____
_____
_____
_____

• • • • • •

El amor debe ser
sincero. Aborrezcan
el mal; aférrense al
bien. Ámense los unos
a los otros con amor
fraternal, respetándose y
honrándose mutuamente.

Romanos 12:9-10, NVI

• • • • • •

Mujer,
¡apriétate el cinturón!

Decídete a establecer límites en las relaciones

El buen juicio hace al hombre paciente;
su gloria es pasar por alto la ofensa.

Proverbios 19:11, NVI

Cada ser humano es único y procesa sus experiencias diarias de manera diferente. Por eso, para lograr mantener relaciones interpersonales sanas necesitamos establecer una estructura mental en la que definamos claramente cuáles acciones de los demás podemos permitir y cuáles no toleraremos bajo ningún concepto. A esa selección consciente de lo que permitiremos y lo que no estamos dispuestas a aceptar se le conoce como establecer límites. Son esos límites los que regulan las relaciones interpersonales.

Hay quienes acabando de conocer a una persona inmediatamente le cuentan su vida, sin saber todavía si es discreta ni qué costumbres tiene. Otros le dan acceso a su hogar y a sus cosas personales a cualquier individuo sin tomar en cuenta los peligros a los que podrían exponerse. Otras, permiten abusos de confianza en el trato personal, insultos de sus amistades o bromas pesadas. En el área de trabajo hay quienes le permiten a sus jefes o compañeros de trabajo que les griten y les hablen de manera irrespetuosa. Todos estos ejemplos nos demuestran que esos estilos de conducta de ninguna manera nos dirigen a desarrollar relaciones interpersonales saludables, porque no han establecido límites. Por tanto, debemos desarrollar estructuras mentales saludables en las que definamos qué actitudes o acciones vamos a permitir y cuáles no. Siempre digo en mis conferencias que llevamos un letrero invisible en la frente (nuestra actitud) que le dice a los demás cómo nos deben tratar. Eso significa que desde el lenguaje no verbal, que se refleja en nuestra actitud, estamos estableciendo límites.

Somos las administradoras de nuestras vidas y solo nosotras decidimos si nos damos a respetar o si permitimos que los demás hagan lo que quieran con nosotras. Empecemos por respetarnos a nosotras mismas cuidándonos de no hacer nada que nos denigre y siendo firmes en nuestras decisiones. Lo que nos da autoridad no es lo que hablamos sino lo que demostramos con nuestras acciones. Nuestra familia y todos los que se relacionen con nosotras observarán la congruencia entre lo que decimos y lo que hacemos, y aprenderán a respetar las estructuras que regirán nuestra vida con amor, pero con firmeza; porque percibirán orden y armonía.

Una vida en armonía —en la que hay un balance entre lo espiritual, lo emocional y lo físico— proyecta seguridad e infunde respeto en el hogar, en el trabajo y dondequiera que te muevas. Todo el que observe este balance te respetará y te admirará. Recuerda siempre que el respeto no se impone ni con malas palabras ni con gritos ni diciendo *"aquí mando yo"* (quien se expresa de esta forma es quien menos autoridad tiene). El respeto se gana con nuestra manera de vivir. Quien actúa con integridad, se proyecta seguro y tiene una excelente reputación, es una persona respetable. Comienza a establecer límites en tu vida hoy porque con la ayuda de Dios y proponiéndonoslo en nuestro corazón, todas lo podemos lograr.

Mujer, apriétate el cinturón y repite:

Hoy acepto y disfruto el amor incondicional de Dios y tengo la sabiduría para alcanzar la verdadera felicidad.

Notas:

_____
_____
_____
_____
_____
_____
_____
_____
_____
_____
_____
_____

● ● ● ● ● ●

Bendice, alma mía,
a Jehová, y no olvides
ninguno de sus
beneficios. Él es quien
perdona todas tus
iniquidades, el que sana
todas tus dolencias;
el que rescata
del hoyo tu vida.

Salmo 103:2-4

● ● ● ● ● ●

Mujer,
¡apriétate el cinturón!

Decídete a dejar de
ser rescatadora

Apresúrate, oh Dios, a rescatarme;
¡apresúrate, SEÑOR, a socorrerme!

Salmo 70:1, NVI

Un rescatista salva a alguien de una situación peligrosa y una vez le deja a salvo, sigue su vida haciendo con responsabilidad su trabajo con otras personas que estén en peligro.

Sin embargo, cuando la mujer asume el rol de rescatista en las relaciones afectivas sea con sus hijos, su esposo, sus familiares o con amistades que están pasando por alguna problemática, deja de vivir su vida y muere emocionalmente tratando de salvar a quien ha caído en un hoyo emocional. En su afán de ayudar, muchas mujeres no reconocen límites ni comprenden que un peligro se da en un momento determinado y no se extiende por toda la vida del individuo. La mujer rescatista se deja arrastrar por la víctima hasta que mueren emocionalmente ambos. No obstante, en trabajos de rescate, una de las lecciones más importantes que se le enseña al rescatista es que debe auxiliar a una persona mientras su vida no corra peligro. Es bueno amar y ayudar, pero hay que hacerlo con sabiduría.

Mujer, ¡necesitas reconocer los límites en la ayuda que das a otros! Cuando tratas de vivir tu vida y la de otros al mismo tiempo, no dejas que los demás maduren y experimenten consecuencias por sus actos. De esa forma, ellos no aprenden a vivir y tú te quedas atrapada eternamente en sus circunstancias. Por eso yo digo siempre: *"Para que se mueran dos, que se muera uno y que no sea yo"*. Cuando una persona no es rescatada por otra, tiene la oportunidad de experimentar la promesa del salmista: *"Jehová es el que rescata del hoyo tu vida"*. Muchas personas necesitan "tocar fondo" para poder recapacitar sobre su forma equivocada de vivir. Por otra parte, es importante que cada individuo pueda desarrollar una relación íntima con Dios, en la que dependa de su fe cuando se presenten circunstancias que parecen imposibles de resolver. Es precioso el apoyo que se ofrece en la familia, pero nunca debe impedir que las personas crezcan emocionalmente y espiritualmente, enfrentando por sí mismos las situaciones adversas y buscando soluciones creativas para estas.

La ayuda que le das a alguien no puede atentar contra tu salud emocional ni contra la de los demás. Es importante señalar que la persona que de continuo rescata a otro está demostrando con su conducta rescatista que ella también tiene necesidades insatisfechas de amor y de aceptación. En un intento por demostrar que merece ser amada, la mujer trata de hacerse imprescindible para esa persona a quien continuamente está rescatando.

Recuerda siempre que orientamos, apoyamos y amamos, pero nunca podemos entrar en el cuerpo ni en el cerebro de otros. Cada quien tiene la oportunidad de tener un solo cuerpo, un solo corazón, un solo Dios y una sola vida en el tiempo que le corresponde permanecer en este mundo. Cada uno es responsable de administrar su vida, y de acuerdo a las decisiones que tome será la calidad de sus experiencias. Dios siempre está dispuesto a bendecir, pero ni Él mismo obliga a la gente a hacer lo que Él ha establecido en su Palabra. Si descubres que estás actuando como una rescatadora, hoy es un buen día para analizarte y descubrir qué necesidad insatisfecha tienes. Dios está para amarte y bendecirte incondicionalmente.

Permite que el amor de Dios sature tu vida y aprende a amar de manera saludable.

Mujer, apriétate el cinturón y repite:

Dios me ama y me acepta como soy; no tengo que luchar para que me amen.

Notas:

_____

_____

_____

_____

_____

_____

No paguen a nadie mal por mal. Procuren hacer lo bueno delante de todos. Si es posible, y en cuanto dependa de ustedes, vivan en paz con todos.

No tomen venganza, hermanos míos, sino dejen el castigo en las manos de Dios, porque está escrito: "Mía es la venganza; yo pagaré", dice el Señor.

Romanos 12:17-19, NVI

Mujer,

¡apriétate el cinturón!

Decídete a cultivar buenas relaciones

"Si tu enemigo tiene hambre, dale de comer; si tiene sed, dale de beber. Actuando así, harás que se avergüence de su conducta". No te dejes vencer por el mal; al contrario, vence el mal con el bien.

Romanos 12:20-21, NVI

Dondequiera que estemos, ya sea en el trabajo, en el hogar, en las tiendas o en cualquier lugar al que decidamos ir, nos persiguen las relaciones interpersonales. Aún cuando decidamos quedarnos en casa y hacer alguna gestión por teléfono, por correo electrónico o por fax, allí también está presente la necesidad de relacionarnos con los demás. Por eso, la interrelación con otras personas es una de las destrezas más importantes que debemos desarrollar si no lo hemos hecho hasta ahora. De lo contrario, nos sometemos a una cruenta lucha entre nosotras y la humanidad entera, porque, como he dicho, a cualquier lugar que vayamos (incluyendo nuestro hogar) generaremos conflictos. Lo curioso es que, por lo general, quien genera el conflicto siempre está culpando a los demás.

¿Sabías que el 87.5 por ciento del éxito de las personas en su trabajo depende de su habilidad para relacionarse con los demás y solo un 12.5 por ciento depende de su inteligencia? ¿Sabías que hay más personas que son despedidas del empleo debido a sus malas relaciones interpersonales que por su ineptitud para desempeñar un trabajo? Fíjate que una persona puede ser brillante pero no tener habilidad para relacionarse con los demás y, como demuestran las estadísticas, logra menos que aquellos que tienen un menor cociente intelectual, pero que saben relacionarse con los demás. Theodore Roosevelt, quien fue presidente de los Estados Unidos dijo: *"El ingrediente más importante en la fórmula del éxito es saber trabajar con la gente".*

Para mejorar y desarrollar al máximo nuestras capacidades para relacionarnos con la gente debemos:

- Amarlos incondicionalmente, porque al igual que tú y yo, son creación de Dios.
- Ver sus malas actitudes como falta de madurez e imaginarnos cuán horribles nos veríamos nosotras si cometiéramos ese error.
- No darle importancia a todo lo que nos disgusta, siempre y cuando no pase los límites del respeto.
- Reconocer que en toda relación interpersonal hay diferencias y que lo importante es saber diferir sin dejar de amarse.
- Cuando tengas una diferencia con alguna persona, controla

tu impulsividad para que puedas expresarte de forma sensata. No permitas jamás que tus emociones te dominen.

● Colócate en el lugar de la otra persona y evalúa la situación desde su punto de vista también. Esto te hará más comprensiva y más tolerante.

● Decide expresar con palabras tus más íntimas emociones, para que las puedas compartir sosegadamente con quien te ofendió.

● Piensa que si tú hubieras ofendido a alguna persona y te arrepintieras de tu acción, te gustaría que el ofendido te perdonara.

● Compórtate con los demás como a ti te gustaría que se comportaran contigo.

Solo amando, siendo paciente y dando ejemplo de cómo se manejan las diferencias misericordiosamente, descubrirás el secreto de mantener relaciones interpersonales sanas y triunfarás en todo lo que emprendas. De esta manera, a dondequiera que vayas, la gente dirá: "Esa mujer es diferente". Nunca olvides que la Palabra de Dios nos dice que es mejor el buen nombre que las riquezas.

Mujer, apriétate el cinturón y repite:

Miro a todos con los ojos de Dios: magnifico sus bondades y minimizo sus debilidades.

Notas:

_____

_____

_____

_____

● ● ● ● ● ●

El amor es paciente,
es bondadoso.
El amor no es envidioso
ni jactancioso ni
orgulloso. No se
comporta con rudeza,
no es egoísta, no se
enoja fácilmente,
no guarda rencor.

1 Corintios 13:4-5, NVI

● ● ● ● ● ●

Mujer,

¡apriétate el cinturón!

Decídete a evitar relaciones destructivas

El amor no se deleita en la maldad sino que se regocija con la verdad. Todo lo disculpa, todo lo cree, todo lo espera, todo lo soporta.

1 Corintios 13:6-7, nvi

Son muchas las mujeres que permanecen en relaciones destructivas creyendo que están honrando el versículo bíblico que habla de que *"el amor es sufrido"*. Por lo general, ellas no se fijan en las demás características mencionadas en ese versículo, que amplían el significado del verdadero amor. El amor hace el bien, es considerado, no se disgusta por las bendiciones que tiene el otro, no se alaba excesivamente, busca el bienestar de la persona amada, no guarda rencor, no se alegra de la injusticia y se goza diciendo la verdad. Cuando se dan estas características tan bellas del amor y llega alguna enfermedad, un tiempo de escasez o cualquier situación inesperada, el verdadero amor lo sufre junto a la persona amada y se mantiene unido a ella. Este es el contexto en el cual el amor es sufrido. De ninguna manera, Dios, que es amor, le pediría a alguien que tolere maltrato mientras la otra persona le hace daño. Esta acción iría en contra de la naturaleza divina.

¡Mujer, evalúa tu relación de amor a la luz de este pasaje bíblico y contéstate si reúne esas cualidades! Ya Cristo pagó el precio por nuestros pecados en la cruz del calvario, así que tú no tienes que sacrificarte soportando maltrato, ni físico ni emocional. Tú eres muy especial y mereces ser tratada con delicadeza, respeto y dignidad. Imagínate cómo el hombre te debe tratar, que Dios mismo le ordena amar a su esposa como Cristo amó a la iglesia y le pide que la trate como a vaso frágil. A ti como esposa, Dios te amonesta a que lo respetes. La relación de amor verdadero se edifica sobre bases sólidas de respeto y fidelidad. ¿Sabes por qué a la gente se le hace tan difícil dejar relaciones destructivas? Porque se llegan a acostumbrar a sentirse indignas, porque piensan que el sacrificio y el martirio le acercan más a Dios. Eso es falso, lo que nos acerca a Dios es un corazón que se humilla ante su presencia, reconoce su señorío y obedece sus enseñanzas. Una de esas enseñanzas es el amor al prójimo.

Mujer, ¡decídete a no permitir, bajo ninguna circunstancia, una relación que no se ajuste a esta definición de amor!

Mujer, apriétate el cinturón y repite:

En el poderoso nombre de Jesucristo, disfruto de una relación perfecta de amor y no permito el maltrato.

Notas:

_____

_____

_____

_____

_____

_____

_____

_____

_____

_____

_____

_____

_____

_____

_____

_____

_____

_____

_____

_____

_____

_____

_____

● ● ● ● ● ●

Grábame como un
sello sobre tu corazón;
llévame como una
marca sobre tu brazo.
Fuerte es el amor,
como la muerte, y
tenaz la pasión, como
el sepulcro. Como
llama divina es el fuego
ardiente del amor.

Cantares 8:6, nvi

● ● ● ● ● ●

Mujer,
¡apriétate el cinturón!

Decídete a no mendigar el amor

Ni las muchas aguas pueden apagarlo, ni los ríos
pueden extinguirlo. Si alguien ofreciera
todas sus riquezas a cambio del amor,
solo conseguiría el desprecio.

Cantares 8:7, NVI

Son muchas las mujeres que viven mendigando el amor y conformándose con simples migajas que los hombres les dan a cambio de sexo. Por lo general, el hombre promete amor a cambio de sexo mientras que la mujer da sexo a cambio de amor.

El diccionario define mendigar como solicitar algo con humillación. Así como un mendigo se humilla delante de todos pidiendo una limosna, la mujer hace lo mismo cuando le suplica a un hombre que no la abandone o cuando prefiere quedarse con él, aunque le sea infiel o le maltrate por el hecho de que con esa limosna de amor llena la necesidad que ella tiene de ser amada. Rabindranath Tagore, un poeta, artista y filósofo bengalí dijo: "*El hombre que ha de mendigar amor es el más miserable de todos los mendigos*". Mendigas el amor cuando te anuncias en los clasificados, o llamas a emisoras de radio dando tu descripción física buscando a alguien que se interese en ti, cuando tienes la necesidad de colocar tu vida íntima en la Internet, cuando le dices a una amiga que te presente a alguien que encuentras atractivo. Basta ya de que algunos hombres piensen que las mujeres son las gatitas o conejitas que están a sus pies para entretenerlos o satisfacerlos. Basta ya de que las canciones que le dicen a las mujeres "*oye perra*", sean aceptadas, bailadas y celebradas por ellas en lugar de ellas mismas demostrar indignación. Los hombres harán contigo hasta donde tú le permitas llegar y cuando mendigas amor ellos llegan hasta humillarte. En el libro de Cantares dice que si alguien se atreviera a ofrecer todas sus riquezas a cambio de amor lo único que recibiría sería desprecio. El amor se da y se recibe, pero ni se compra ni se mendiga, ya ves cómo la misma Biblia dice que quien lo hace recibe desprecio.

Cuando suplicas que te amen estás diciendo sin palabras que no mereces que nadie te ame y por eso tienes que humillarte, suplicar y conformarte con la migaja que alguien te pueda dar. Cuando te sientes segura de ti eres capaz de conquistar por tus atributos y no por tus ruegos. Además, puedes comprender y aceptar que alguien no te ame, sin sentirte menospreciada. Te sientes tan valiosa que puedes tener paz y pensar que la otra persona es quien se pierde tu preciado amor. Si has estado mendigando el amor, detente, mira cómo te ves a ti misma en esa mendicidad y decídete a dejar toda conducta enfermiza que te lleva a devaluarte. ¡Eres valiosa y el amor incondicional de Dios te ha cubierto, te cubre y te cubrirá siempre!

Por otra parte, conviene saber que los hombres se enamoran más de las mujeres que representan un reto para ellos. Por eso es que muchas veces rechazan a aquellas que les suplican y les ruegan porque los mendigos se ganan la compasión de la gente, no el amor. Eres una hija de Dios, eres especial, única. Cotízate alto para que seas tratada con dignidad. Vive a la altura de lo que Dios demanda de ti: *"Por eso, dispónganse para actuar con inteligencia; tengan dominio propio; pongan su esperanza completamente en la gracia que se les dará cuando se revele Jesucristo. Como hijos obedientes, no se amolden a los malos deseos que tenían antes, cuando vivían en la ignorancia"*, (1Pedro 1:13-14, NVI).

Mujer, apriétate el cinturón y repite:

El amor incondicional de Dios me llena de amor hacia mí misma. Doy y recibo amor.

Notas:

_____

_____

_____

_____

_____

_____

Semana 36

•••••••

Jesús se dirigió
entonces a los judíos
que habían creído
en él, y les dijo: Si
se mantienen fieles
a mis enseñanzas,
serán realmente mis
discípulos; y conocerán
la verdad, y la verdad
los hará libres.

Juan 8:31-32, NVI

•••••••

Mujer,

¡apriétate el cinturón!

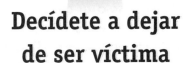

Decídete a dejar
de ser víctima

Desde mi angustia clamé al Señor,
y él respondió dándome libertad.

Salmo 118:5, NVI

Una de las definiciones de la palabra víctima se refiere
a la persona que padece daño por culpa ajena o por
casualidad. También se le suele llamar víctima a la persona
que sufre las consecuencias de sus propias acciones. Aunque
socialmente la definición más aceptada es la que hace responsable a otro del daño que sufre la persona, prefiero la
que explica que víctima es la que sufre las consecuencias de

sus propias decisiones. Esta definición no es simpática porque deposita en la mujer, en este caso, la responsabilidad de analizar bien las situaciones antes de tomar una decisión. La experiencia en consejería me ha enseñado que casi todas las mujeres, por no decir todas, han visto señales que les dicen a gritos: *"No te conviene el paso que vas a dar"*. Pero la mayoría de las mujeres se obstinan en pensamientos equivocados como: *"Esta situación va a cambiar, conmigo será diferente, con mi amor cambiará, Dios lo puede cambiar"*. Y a fin de cuentas todas resultan expectativas falsas fundamentadas en pensamientos equivocados que solamente habitaban en el corazón de ellas. Por eso, no importa la situación que estés pasando, decídete hoy a abandonar el papel de víctima y a tomar acción sobre tu vida. Tú y solo tú puedes cambiar el rumbo de tu existencia a través del conocimiento de Jesús como tu Salvador. Él nos exhorta en Juan 8:31-32 que si nos mantenemos fieles, conoceremos la verdad, que es Cristo, y esa verdad es la que nos hará libres. Las mujeres que se sienten víctimas se mantienen atrapadas en una situación dada, pero deben saber que Dios nos capacita para que aprendamos a tomar buenas decisiones y para descubrir que somos personas especiales, creadas por ÉL. Por tanto, solo debemos seleccionar a quien nos merece y jamás debemos actuar como víctimas. Vienen a mi mente las palabras de un psiquiatra que suele decir que tanta responsabilidad tiene el que maltrata como quien se deja maltratar. En lugar de sentirte víctima y que los demás estén pensando *"pobrecita mujer"*, llénate de valor y reconoce el poder de Dios en tu vida para que no le temas a nada ni a nadie y puedas tomar siempre decisiones que te alejen de esa triste representación de lo que implica ser una víctima. Dios quiere la felicidad para ti, no un martirio. ¡Suéltate de lo que te detiene cautiva y sé feliz haciendo la voluntad de Dios siempre! Nunca olvides que Jehová es tu pastor y nada te faltará.

Mujer, apriétate el cinturón y repite:

Tengo control de mi existencia porque Dios dirige mi vida.

Notas:

_____
_____
_____
_____
_____
_____
_____
_____
_____
_____
_____
_____
_____
_____
_____
_____
_____
_____
_____
_____
_____
_____

●●●●●●●

La voluntad de Dios es que sean santificados; que se aparten de la inmoralidad sexual; que cada uno aprenda a controlar su propio cuerpo de una manera santa y honrosa, sin dejarse llevar por los malos deseos como hacen los paganos, que no conocen a Dios; y que nadie perjudique a su hermano ni se aproveche de él en este asunto.

1 Tesalonicenses 4:3-6, NVI

●●●●●●

Mujer,
¡apriétate el cinturón!

Decídete a NO tener relaciones sexuales antes de casarte

Huyan de la inmoralidad sexual. Todos los demás pecados que una persona comete quedan fuera de su cuerpo; pero el que comete inmoralidades sexuales peca contra su propio cuerpo.

1 Corintios 6:18, NVI

Hoy día esta decisión parece imposible de concebir porque cada vez son más las parejas que comienzan a tener relaciones sexuales antes del matrimonio. Lo lamentable es que esta práctica se ha hecho común hasta en los creyentes, que se han dejado llevar por la filosofía de vida que dirige a los que no tienen el propósito de Dios bien definido y piensan: "¡Qué de malo tiene si todo el mundo lo hace!". Lo que todos ignoran es que cruzar este límite en la relación de noviazgo, paraliza el proceso de conocerse el uno al otro, porque ya los enamorados están deseosos de verse para interactuar sexualmente y no para compartir ideas, sentimientos y experiencias que contribuyan a conocerse mejor y les capaciten para un matrimonio exitoso.

Cada etapa en la vida tiene una razón de ser y unos privilegios. Las relaciones sexuales constituyen la iniciación en el matrimonio, con todo el compromiso que ello implica. La emocionante "luna de miel" se ha tornado en un absurdo porque cuando llega ese momento ya no hay la emoción de pasar por lo que identifica el comienzo de esta etapa, la primera relación sexual. Ya todo está hecho.

Siempre que se altera el orden de las etapas de la vida o se omite alguna de ellas, se experimentan consecuencias. ¿Por qué tener tanta prisa por vivir y por experimentar lo que pertenece a otro periodo, en lugar de disfrutar cada instante que no se va a volver a repetir? ¡Vive y disfruta cada fase de tu vida! En la escalera de la vida cada etapa es un escalón, no saltes ninguno de ellos, porque cada uno te prepara para el próximo.

Por otra parte, es necesario aclarar el argumento continuo que hacen muchas mujeres de que sienten que sus "hormonas están locas y revueltas". Las hormonas le dictan a nuestro cuerpo deseos sin discriminar si agradan o no agradan a Dios, si nos convienen o no nos convienen, si nos denigran o no. Simplemente estas, disparan el deseo. Jamás debemos dejarnos llevar por los consejos de una persona que actúa alocadamente y sin juicio. Asimismo, no debemos permitir que unas hormonas alocadas administren nuestra sexualidad. De ninguna manera podemos dejarnos llevar por lo que nos pide el cuerpo, sin tomar en cuenta lo que nos dice Dios que fue quien lo formó y nos dio una voluntad para ejercerla en su nombre. Nuestras convicciones son nuestro freno para cualquier situación, mientras que los impulsos son los que nos empujan a la destrucción emocional, espiritual y física. La sexualidad se ha convertido en un monstruo incontrolable porque muchas personas viven exponiéndose a la pornografía al escuchar o ver programas de radio, televisión, películas y revistas de alto contenido sexual que generan pensamientos sexuales, que a su vez provocan reacciones químicas en las que se producen las hormonas que despiertan la excitación sexual. Administra bien tu sexualidad y disfrútala con quien merece tu amor, te ha demostrado con acciones que te ama y ha hecho un compromiso legal contigo a través del matrimonio. Este es el diseño de Dios para el ser humano.

Mujer, Dios te creó con un propósito noble, no para complacer sexualmente a todo el que te pretenda y te prometa "el cielo y las estrellas". ¡Solo tú te puedes dar a respetar, defiende tus convicciones, Dios te respalda y a fin de cuentas, el verdadero amor espera!

Mujer, apriétate el cinturón y repite:

¡Mi cuerpo es el templo de Dios que debo cuidar y reservar para aquel que merezca mi amor!

Notas:

_____

_____

_____

_____

••••••

Dichoso el que teme al SEÑOR, el que halla gran deleite en sus mandamientos. Sus hijos dominarán el país; la descendencia de los justos será bendecida. En su casa habrá abundantes riquezas, y para siempre permanecerá su justicia.

Salmo 112:1-3, NVI

••••••

Mujer,
¡apriétate el cinturón!

Decídete a no imitar a las amas de casa desesperadas

> La mujer sabia edifica su casa;
> la necia, con sus manos la destruye.
>
> **Proverbios 14:1, NVI**

Cuando era pequeña escuchaba cuando mi mamá decía que ella era *"ama de casa"*. En aquél tiempo yo no entendía lo que significaba esta frase. Luego, cuando crecí, me di cuenta de que la ocupación de mi mamá es la base de nuestra sociedad. Hoy puedo decir que ella fue una profesional en la escuela del amor y sus hijos le hemos otorgado un doctorado como mamá. Mujer, el premio que nosotras recibimos por la labor de amor que realizamos en el hogar es ver cómo nuestros hijos al crecer, le enseñan a sus niños lo que una vez nosotras les enseñamos a ellos.

Sin embargo, es lamentable que hoy muchas amas de casa se sientan frustradas, y hasta menospreciadas, porque en la sociedad se le ha dado más valor a la mujer que escala unas posiciones determinadas en sus áreas de trabajo, mientras que al ama de casa se le ve como alguien que se ha quedado atrás en el progreso intelectual y físico. La televisión presenta al ama de casa desgreñada, desesperada con los niños y las tareas del hogar. Muchas se han creído esta mentira y han pensado que no quieren dedicarse al trabajo en el hogar por considerarlo, equivocadamente, como indigno y denigrante.

En la serie de televisión, *Amas de casa desesperadas*, vimos algunas mujeres cometiendo infidelidad mientras otras estaban enfocadas en su belleza. Observamos también engaños y secretos en el núcleo familiar, pero jamás presenciamos a una sola ama de casa que en lo emocional estuviera equilibrada y que ejerciera sus funciones con alegría. Esa es la imagen distorsionada que están aprendiendo nuestros niños y jóvenes de las funciones de la mujer y el hombre en el hogar.

He podido desarrollarme profesionalmente como Consejera de Familia y ser una buena ama de casa porque el dedicarme con esmero a las labores del hogar no implica que me falta inteligencia o conocimiento. Tú puedes ser ama de casa y, a la vez, mantener tu desarrollo intelectual a través de la lectura y tantos otros medios, sin descuidar tu hogar. Mientras mis hijos eran pequeños sacrifiqué mis anhelos de seguir estudiando para completar mi grado de maestría, porque no quería perderme sus primeros pasos ni sus primeras palabras. Las universidades y los trabajos esperan, pero nuestros hijos crecen y de repente ya no los tenemos en nuestras faldas. Por esa razón decidí desde muy joven que el mayor reconocimiento que yo quería tener en la vida era el de mi familia. Gracias a Dios lo logré y me siento una mujer realizada. Lo que he estudiado no hubiera significado nada sin la admiración, el respeto y el amor de todos ellos.

Mujer, no te avergüences de ser ama de casa, porque estás haciendo el trabajo más digno que Dios nos encomendó. Nosotras somos las forjadoras de todos los que dirigen y trabajan en nuestra sociedad. ¡Imagínate cuán importantes somos!

Existen otras que están haciendo un esfuerzo todavía mayor, porque los que eran sus esposos han abandonado su responsabilidad y a ellas les ha tocado todo el trabajo de formar a sus hijos. Si tú perteneces a ese grupo, puedes lograr éxito en tu hogar porque, en nuestra debilidad, Dios nos ha prometido hacernos fuertes cuando nos encomendamos a Él y dependemos de Él. Lo importante es estar siempre en los brazos amorosos de Dios para que él nos capacite para ser las mejores amas de casa del universo. ¡Tú puedes lograrlo, capacítate para educar y formar hombres y mujeres de provecho!

Mujer, apriétate el cinturón y repite:

Bendigo mi rol de ama de casa y me enorgullezco de formar hombres y mujeres con la conciencia de Dios en sus corazones.

Notas:

_____
_____
_____
_____

......

Los hijos son
una herencia del Señor,
los frutos del vientre
son una recompensa.

Salmo 127:3, NVI

......

Mujer,
¡apriétate el cinturón!

Decídete a valorar
a tus hijos

Instruye al niño en el camino correcto,
y aun en su vejez no lo abandonará.

Proverbios 22:6, NVI

Ser madre es una bendición y un privilegio que Dios le concedió a la mujer. Los hijos son herencia de Dios y, por tanto, muy valiosos. Hay muchas mujeres que honran y aman a sus hijos. Pero es sorprendente y lamentable la cantidad de madres que están dejando a sus niños y niñas para irse con un hombre. Otras los maltratan o permiten que los papás o padrastros los maltraten y hay quienes no saben disciplinarlos. Algunas están sumidas en vicios, mientras que otras tienen a sus hijos viviendo en lugares que carecen de higiene y sin la alimentación adecuada. También hay madres que viven quejándose y haciéndoles sentir a los hijos que son una carga. Y, por último, están las que le dedican la mayor parte del tiempo a su trabajo sin establecer un balance entre sus actividades laborales y sus responsabilidades familiares. Nada debe distraerte de tu labor maternal.

Mujer, ¡decídete a amar y a respetar a tus hijos! Trátalos como seres que tienen dignidad y que están indefensos frente a las crueldades de muchos adultos. Valóralos ahora que están en tus brazos. Exprésales cuánto les amas y cuán importantes son para ti, para que crezcan sintiéndose estimados y valorados. Instrúyelos en los principios que Dios establece en su Palabra y enséñales siempre con tu ejemplo. Corrígelos con amor y practica todo lo que quieres que aprendan. Los hijos aprenden con el ejemplo.

Recuerda siempre que los trabajos y las universidades pueden esperar, pero los hijos crecen rápidamente y un buen día te darás cuenta de que ya superarán tu estatura y se alejarán de ti. Tal vez entonces les quieras demostrar tu amor, los quieras acariciar, pero ya será difícil establecer ese vínculo. Nada puede ser más importante ni ocupar el lugar que pertenece a tus hijos.

Mujer, apriétate el cinturón y repite:

Cuido, amo y bendigo a mis hijos como lo que son: un regalo de Dios y mi mayor bendición.

Notas:

_____
_____
_____
_____
_____
_____
_____
_____
_____
_____
_____
_____
_____
_____
_____
_____
_____
_____
_____

● ● ● ● ● ●

Nadie tenga un
concepto de sí más alto
que el que debe tener,
sino más bien piense
de sí mismo
con moderación.

Romanos 12:3, NVI

● ● ● ● ● ●

Mujer,
¡apriétate el cinturón!

Decídete a construir
tu autoestima

Porque tú, oh Señor Jehová, eres mi esperanza,
seguridad mía desde mi juventud.

Salmo 71:5

La autoestima es el valor que te asignas tú misma. Es el sentimiento que albergas respecto al concepto que tienes de ti. Podemos decir que es la contestación a la siguiente pregunta: "*¿Cómo te sientes respecto a quién eres?*". La apreciación que tengas de ti misma influirá directamente en tu toma de decisiones, en la forma en que te relacionas con los demás y en la manera como interpretas todo lo que sucede a tu alrededor. El amor propio comienza a desarrollarse en la niñez con los mensajes que la niña o el niño reciben de sus padres o de quienes le estén criando en esos primeros cinco años. El insumo recibido en la infancia se va sumando a los mensajes de otras personas que el individuo decide –muchas veces de forma inconsciente– aceptar o rechazar, hasta que forma un concepto de sí mismo que puede ser modificado (para bien o para mal) en el transcurso de su vida.

La autoestima se construye día a día, no es un acto mágico. De ninguna manera implica que seas mejor que los demás, sino que pienses de ti con cordura, es decir, con prudencia, con cautela. Ser prudente implica reconocer mis virtudes y mis debilidades; mis destrezas y mis carencias. Es no competir con los demás sino conmigo misma. Ser cada día mejor que el día anterior. Es aceptar que no soy autosuficiente ni lo sé todo, sino que me nutro también de los demás. Es crear consciencia de que todos somos importantes y tenemos mucho que aportar. Todo esto resume el pensar con prudencia. Para lograr construir la autoestima, debes analizar tus fortalezas y debilidades. Descubre las capacidades que han estado ocultas en ti hasta ahora, tal vez, porque te has quedado fijándote solo en lo que consideras tus "defectos", viendo cómo se levantan ante tus ojos como un muro que crece y resulta imposible de escalar. No te has dado cuenta de que el Dios que te creó, te hizo a su imagen y semejanza. Esto quiere decir que tienes la capacidad creadora de Él. Significa que puedes superar tus debilidades y desarrollar al máximo todas las capacidades con las que Dios te dotó al nacer. Recuerda siempre que si el mismo empeño que muchas mujeres ponen en destacar sus "defectos", lo pusieran en ver sus capacidades y talentos, tendrían la autoestima por el cielo y lograrían todos sus sueños.

Comienza a practicar algo de lo que has temido hacer hasta ahora y disfruta de la sensación de logro que se produce cuando conquistas un temor. Cada vez que vences una debilidad o un imposible, subes un escalón en la escalera de la autoestima. Mientras más alta tengas la autoestima, más insignificantes verás las imposibilidades.

Mujer, apriétate el cinturón y repite:

Edifico mi autoestima y supero las limitaciones que yo misma me he impuesto, con la certeza de que todo lo puedo con Cristo que me fortalece.

Notas:

_____

_____

_____

_____

_____

_____

_____

_____

_____

_____

_____

_____

_____

● ● ● ● ● ●

El Señor es
mi fuerza y mi escudo;
mi corazón en él confía;
de él recibo ayuda.
Mi corazón salta de
alegría, y con cánticos
le daré gracias.

Salmo 28:7, NVI

● ● ● ● ● ●

Mujer,

¡apriétate el cinturón!

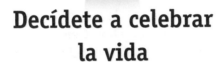

Decídete a celebrar la vida

Estén siempre gozosos.

I Tesalonicenses 5:16

Cuando pensamos en celebrar la vida hablamos de ser agradecidos. Celebrar implica alegría, alabanza y, sobre todo, actitud de agradecimiento. Es vivir felices a pesar de los retos que se nos presenten, porque estamos convencidas de que Dios ha prometido estar con nosotras todos los días de nuestra vida. El apóstol Pablo nos exhorta a estar siempre gozosos, porque lo que más importa no es lo que nos sucede sino nuestra actitud frente al acontecimiento. La celebración de la vida no admite quejas sino alabanzas. No admite odio sino amor, no admite discusiones que terminan en violencia sino alabanzas que culminan con un beso y un abrazo. Cuántas veces escuchamos comentarios tan negativos como estos: *"Estoy aborrecida, detesto al jefe, no soporto este maldito trabajo, odio los domingos, aborrezco los lunes, la vida me ha dado tan duro"*.

Todas estas quejas salen de un corazón que todavía no ha conocido el amor y el poder de Dios, y se ha dejado amargar por las circunstancias diarias. Para celebrar la vida, los ojos tienen que estar puestos en las alturas. Cuando reconocemos la grandeza y el poder de Dios desarrollamos la fe y la esperanza que necesitamos para celebrar la vida diariamente. Debemos estar conscientes de que cada minuto de nuestra existencia es un milagro de Dios. Celebrar la vida es vivir a plenitud cada uno de los 365 días del año con sus alegrías y sus momentos tristes; con las buenas y malas noticias, y estar convencidas de que todas las experiencias contribuyen a formar nuestro carácter y a desarrollar nuestra fe.

Mientras escribo estas líneas, celebro la vida en un hospital acompañando a mi hijo en momentos de mucho dolor porque sufrió un accidente. Celebro porque sé que Dios está en control y mi hijo celebra también porque al caer de una altura de 15 pies, ha sentido el cuidado especial de Dios para su vida. Toda nuestra familia celebra este milagro de vida. Dejemos la queja, seamos agradecidas y mantengámonos gozosas no importa cuál sea la circunstancia, porque Dios está en control y siempre es y será fiel.

Mujer, apriétate el cinturón y repite:

Hoy decido ser feliz por encima de las circunstancias, porque Dios está en control de mi vida.

Notas:

_____
_____
_____
_____
_____
_____
_____
_____
_____
_____
_____
_____
_____
_____
_____
_____
_____
_____
_____
_____
_____

● ● ● ● ● ●

Bendice,
alma mía, a Jehová,
Y no olvides ninguno
de sus beneficios.
El es quien perdona
todas tus iniquidades,
el que sana todas tus
dolencias; el que rescata
del hoyo tu vida,
el que te corona de
favores y misericordias.

Salmo 103:2-4

● ● ● ● ● ●

Mujer, ¡apriétate el cinturón!

Decídete a salir de la depresión

Para el afligido todos los días son malos;
para el que es feliz siempre es día de fiesta.

Proverbios 15:15, NVI

La depresión se ha convertido en el mal de nuestro siglo, a pesar de todos los adelantos que existen para aminorar el dolor en las personas. Si consideramos algunos de los sinónimos de la palabra depresión que aparecen en el diccionario (agujero, hoyo, hundimiento, bajón, debilidad, decaimiento y caída), veremos que todos nos llevan a pensar en cautividad e impotencia. Es como ir caminando por la vida en un día de primavera con un sol radiante y muchas flores, donde todo te sonríe, y de pronto caerte en un hueco inesperado y no tener las fuerzas para levantarte y salir de ese abismo. La depresión no es otra cosa que esa impotencia y esa falta de esperanza que las personas sienten ante un evento inesperado y triste que llega a su diario vivir. Frente a esa incapacidad para encarar la realidad, deciden escapar de ella, para irse a vivir al mundo emocional del sufrimiento y el lamento donde se perpetúa el dolor y no se ven posibles soluciones. En el mundo de la depresión, la gente permanece inerte.

No obstante, eso no tiene ni debe ser de esa manera. Si ya conocemos el porqué se cae en la depresión, debemos aprender cómo no sucumbir ante este trastorno anímico. Es imperante reconocer, no solamente a nivel intelectual sino a nivel espiritual, que ningún problema es eterno y que no existe nada que Dios y nosotras no podamos resolver. Es imprescindible tener en cuenta que los momentos tristes llegan, que debemos validar los sentimientos tanto de tristeza como los de alegría, pero no podemos permitir que la amargura haga un nido permanente en nuestro corazón. Cuando la tristeza se aloja entonces se cumple lo que dice Proverbios 15:15: *"Para el afligido todos los días son malos; para el que es feliz siempre es día de fiesta"*. Un mismo incidente le ocurre a personas diferentes y una puede decidir deprimirse y la otra puede optar por resolver o buscar ayuda. La persona deprimida todo lo ve triste y no ve salida a su situación, en cambio quien celebra la vida, siempre va a encontrar motivos para estar feliz y para festejar. Esta actitud de relajación le da la oportunidad de ver que Dios está siempre presente con sus brazos extendidos para abrazarle y señalarle el camino a seguir. Comienza a contar tus bendiciones en lugar de magnificar tus problemas, para que siempre reine la alegría en tu vida.

Nuestra actitud marca la diferencia. Cuando nuestros lentes son negros, todo lo vemos negro, mas cuando son transparentes reconocemos la realidad —sea muy alegre o muy triste— pero siempre encontramos la manera creativa de salir victoriosas de los retos de la vida porque tenemos la certeza de que Dios es nuestro ayudador. Atesora en tu corazón el Salmo 103:2-4 y sigue sus recomendaciones para vivir a plenitud: Bendice a Dios, no olvides nunca que Él es quien te perdona, el que te sana, el que te rescata del hoyo y te corona con bendiciones. Aquí está la clave para vivir sin depresión.

¡Decídete hoy a confiar en las promesas de Dios! Resuelve tú lo posible y déjale a Él lo imposible.

Mujer, apriétate el cinturón y repite:

La luz de Dios me libera de la tristeza y llena mi vida de esperanza.

Notas:

_____
_____
_____
_____
_____
_____
_____
_____
_____

••••••

Por tanto, vayan y hagan discípulos de todas las naciones, bautizándolos en el nombre del Padre y del Hijo y del Espíritu Santo, enseñándoles a obedecer todo lo que les he mandado a ustedes. Y les aseguro que estaré con ustedes siempre, hasta el fin del mundo.

Mateo 28:19-20, NVI

••••••

Mujer,

¡apriétate el cinturón!

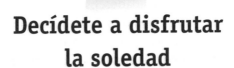

Decídete a disfrutar la soledad

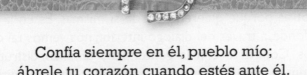

Confía siempre en él, pueblo mío;
ábrele tu corazón cuando estés ante él.
¡Dios es nuestro refugio!

Salmo 62:8, nvi

La soledad en un estado emocional. Te puedes sentir solitaria y triste aún estando acompañada, mientras que puedes sentirte alegre y plena, aunque estés sola. Todo depende de tu actitud, tu fe, tu relación con Dios y contigo misma.

Dios creó al ser humano para vivir en sociedad, por eso estableció la familia. En el entorno familiar aprendemos a amarnos, a ayudarnos, a protegernos y a consolarnos unos a otros. Pero, aunque aprendamos a vivir en grupo, es muy importante que desarrollemos nuestra individualidad y nuestra espiritualidad. Es fundamental que aprendas cuanto antes a creer que Dios debe ser el centro de tu vida y confiar plenamente en la promesa que Jesucristo nos hizo de estar con todo aquel que cree en Él, todos los días hasta el fin del mundo. Por tanto, Él y tú, son mayoría. No importa cuántos te abandonen o te traicionen, o que tus seres queridos hayan partido con el Señor; no estás sola. Con Él aprendemos a sanar los golpes que vamos recibiendo en nuestra interacción familiar y social. Es en su presencia que crecemos emocionalmente sanas y nos aceptamos a nosotras mismas con nuestras fortalezas y debilidades. Es a través de su amor que nos amamos tal y como somos, y aprendemos a amar a los demás. Cuando hacemos nuestras estas lecciones de vida, asumimos la actitud correcta que nos capacita para disfrutar de la soledad porque no tenemos miedo de estar con nosotras mismas.

Miguel de Cervantes, el autor de *Don Quijote*, en sus ensayos sobre la soledad, afirmaba que las personas buscan estar con otras porque quieren huir de sí mismas. Es en la soledad donde, a través del diálogo interior, nos vemos tal como somos. Comparte con la gente, pero también disfruta los momentos en que estás sola y reflexiona. ¡Vive a plenitud, tú nunca estás sola; Dios está contigo siempre hasta el último minuto de tu vida, aunque no lo veas físicamente!

Mujer, apriétate el cinturón y repite:

En la amorosa compañía de Dios, disfruto mis momentos de soledad y descubro mi naturaleza divina.

Notas:

_____

_____

_____

_____

_____

_____

_____

_____

_____

_____

_____

_____

_____

_____

_____

_____

_____

_____

_____

_____

_____

_____

_____

••••••

Así que tengan cuidado de su manera de vivir. No vivan como necios sino como sabios, aprovechando al máximo cada momento oportuno, porque los días son malos. Por tanto, no sean insensatos, sino entiendan cuál es la voluntad del Señor.

Efesios 5:15-17, NVI

• • • • • •

Mujer, ¡apriétate el cinturón!

Decídete a administrar bien el tiempo

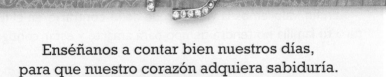

Enséñanos a contar bien nuestros días,
para que nuestro corazón adquiera sabiduría.

Salmo 90:12, NVI

El tiempo es como un ave que vuela libre, y no se le puede detener por más que nos esforcemos. Aunque nos detengamos en el caminar por la vida, el tiempo no nos espera, sigue adelante en su paso. Dios es tan maravilloso que nos exhorta a que seamos sabios en la administración del tiempo. Ser una buena administradora significa saber organizar todos nuestros asuntos en orden de prioridades y dedicarle el tiempo que requiere cada uno de estos. Efesios 5:15-18 dice: *"Así que tengan cuidado de su manera de vivir. No vivan como necios sino como sabios, aprovechando al máximo cada momento oportuno, porque los días son malos, por tanto, no sean insensatos sino, entiendan cual es la voluntad del Señor".*

Conscientes de que no podemos volver atrás en el tiempo, el salmista nos exhorta a pedirle a Dios sabiduría para que conozcamos su voluntad y vivamos de acuerdo a su Palabra empleando bien el tiempo. Hay tiempo para todo cuando somos buenas administradoras: tiempo para Dios, para nuestra familia, para el trabajo, para la recreación... Todo depende de nuestra actitud ante la vida. Si consideramos que la vida es fugaz, sabremos asignarle el justo valor que cada aspecto de esta merece. Le asignaremos el tiempo necesario a nuestra relación con Dios, sabremos valorar el estar con nuestros seres queridos, criticaremos menos y amaremos más, seremos más considerados con nuestro prójimo, le dedicaremos tiempo al trabajo, pero no el 80 por ciento del día. Aprovechemos bien el tiempo para que cuando miremos hacia atrás nos sintamos satisfechas de que administramos con sabiduría la vida y el tiempo que Dios nos regaló.

En fin, valoremos la vida porque de lo contrario, en el futuro tu familia no tendrá tiempo para amarte y estar contigo.

Mujer, apriétate el cinturón y repite:

Administro mi tiempo con sabiduría, guiada por la voluntad de Dios.

Notas:

_____
_____
_____
_____
_____
_____
_____
_____
_____
_____
_____
_____
_____
_____
_____
_____
_____
_____
_____
_____
_____
_____
_____

••••••

Porque el Señor
da la sabiduría;
conocimiento y ciencia
brotan de sus labios.
(...) La sabiduría
vendrá a tu corazón,
y el conocimiento te
endulzará la vida.

Proverbios 2:6,10, NVI

• • • • • •

Mujer,

¡apriétate el cinturón!

Decídete a cultivar tu intelecto

Mi pueblo fue destruido,
porque le faltó conocimiento.

Oseas 4:6, NVI

El conocimiento te da poder y la ignorancia te esclaviza a las ideas de otro. ¿Cuántas veces has dicho: "si yo hubiera tenido el conocimiento que tengo ahora no hubiera tomado tal o cual decisión"? Así como el cuerpo y el espíritu necesitan alimentarse y ejercitarse, el intelecto también requiere que lo nutramos y lo ejercitemos. El aprendizaje debe ser constante en la vida de todos. La vida evoluciona sin interrupción y necesitas evolucionar con ella desechando ideas inservibles y aprendiendo nuevas estrategias que te ayuden a rescatar aquellos valores que son esenciales para vivir y que muchas veces van desapareciendo con los constantes cambios sociales. El conocimiento te amplía la visión, enriquece tus ideas, te capacita para sostener conversaciones interesantes, te provee información a la hora de tomar decisiones, te ayuda a desarrollar criterio propio sobre bases sólidas, te hace sentir segura porque dominas diferentes materias, te permite ser tolerante porque comprendes que hay diversidad de puntos de vista y aprendes a evaluar diferentes opiniones antes de desarrollar la tuya.

Adquieres conocimiento leyendo buenos libros, escuchando entrevistas, asistiendo a conferencias dictadas por expertos en diferentes materias, tomando clases de educación continua, a través del Internet, haciendo viajes educativos y hasta conversando con la gente. Todo esto contribuye a ampliar tu visión del mundo y a comprender mejor a tu prójimo; te motiva a superarte y te sirve para desarrollar el pensamiento crítico que te enseña a hacer un juicio sabio sobre lo que lees y lo que escuchas diariamente.

Mujer, ¡nunca dejes de aprender! ¡Mientras haya vida, la puerta del conocimiento estará abierta!

Mujer, apriétate el cinturón y repite:

Con la conciencia de que el conocimiento me da poder, hoy nutro mi intelecto y tomo decisiones sabias.

Notas:

_____
_____
_____
_____
_____
_____
_____
_____
_____
_____
_____
_____
_____
_____
_____
_____
_____
_____
_____
_____

●●●●●●

Por lo tanto, como
escogidos de Dios,
santos y amados,
revístanse de afecto
entrañable y de bondad,
humildad, amabilidad y
paciencia, de modo que
se toleren unos a otros
y se perdonen si alguno
tiene queja contra otro.

Colosenses 3:12-13, NVI

●●●●●●

Mujer,

¡apriétate el cinturón!

Decídete a ser excelente, pero no perfeccionista

Así como el SEÑOR los perdonó, perdonen también ustedes. Por encima de todo, vístanse de amor, que es el vínculo perfecto.

Colosenses 3:14 , NVI

Con frecuencia escucho a personas que dicen con mucho orgullo que son perfeccionistas. Ellas no se dan cuenta de que ser perfeccionista no es una buena cualidad, por el contrario, es una característica de la personalidad que perjudica a quien la tiene y a aquellos que viven o interactúan con ella. Los perfeccionistas tienen siempre la sensación de que no importa todo lo que hagan, nunca es suficiente para alcanzar el estándar de perfección al que quieren llegar. Esto les perjudica en sus trabajos porque se retrasan queriendo alcanzar la anhelada perfección. El perfeccionista se impone metas irreales y solo se siente valorado por sus logros, no por sus cualidades personales. Este tipo de personas vienen de hogares en los que las equivocaciones eran inaceptables y el fracaso se consideraba como una desgracia que les hacía sentirse humillados. La crítica es intolerable para los perfeccionistas porque derivan su valor personal de lo que los demás piensen de ellos. Por eso se esmeran hasta morir para hacer los trabajos perfectos, y de esa manera lograr aprobación y sentirse valiosos. Si fracasan en algo se sienten que no sirven. Por eso, muchas veces, pierden oportunidades de progresar porque temen a equivocarse en tareas que son diferentes de las que está acostumbrados a ejecutar, así que deciden mejor no aceptar una posición más alta que les presentan nuevos retos.

En lugar de ser perfeccionista procura hacer todo con excelencia, esforzándote al máximo por dar lo mejor de ti. Cuando algo no te salga bien, en lugar de frustrarte, persiste hasta lograrlo. El hecho de que fracases en lograr algo, no significa que eres una fracasada. Como dice Robert Schuller, quien fuera pastor de la Catedral de Cristal: *"El éxito nunca termina, y el fracaso nunca es definitivo"*. El fracaso se puede superar y el éxito lo conquistamos día a día. Siempre hay espacio para mejorar.

Es muy importante que te valores por tus cualidades y no por tus ejecutorias. De esta manera siempre te sentirás valiosa aunque no seas perfecta. Bendice todo el tiempo a tu familia y enséñales que hay momentos en que las cosas no salen como quisiéramos, pero a pesar de ello seguimos siendo valiosos. Cuando mis hijos estaban en la escuela intermedia y superior, un estudiante de octavo grado se suicidó porque sacó una nota B en un examen. Fue una noticia que nos estremeció y entristeció a todos, pero así terminan muchas de las personas a las que se les ha enseñado que deben ser perfectos. Mientras estemos en este plano terrenal, seremos seres imperfectos que nos esforzamos por alcanzar la excelencia. El único perfecto es Dios y nosotros disfrutaremos con Él de esa perfección cuando estemos en su compañía en el cielo.

El libro de Colosenses nos exhorta a que como escogidas de Dios nos revistamos de afecto, bondad, humildad, amabilidad y paciencia para que nos podamos tolerar y perdonarnos unos a otros, así como el Señor nos perdonó a todos. Nos ordena a que nos vistamos del vínculo perfecto del amor. Así que si anhelas la perfección, búscala en el amor, porque ese es el lazo perfecto que bendice cualquier relación con nuestros semejantes.

Mujer, apriétate el cinturón y repite:

Me amo y me acepto como soy: la hija amada de un Dios perfecto, que camina hacia la excelencia.

Notas:

_____

_____

_____

_____

_____

_____

_____

●●●●●●

Porque incluso cuando estábamos con ustedes, les ordenamos: "El que no quiera trabajar, que tampoco coma". Nos hemos enterado de que entre ustedes hay algunos que andan de vagos, sin trabajar en nada, y que solo se ocupan de lo que no les importa. A tales personas les ordenamos y exhortamos en el Señor Jesucristo que tranquilamente se pongan a trabajar para ganarse la vida.

2 Tesalonicenses 3:10-12, NVI

●●●●●●

Mujer,
¡apriétate el cinturón!

Decídete a valorar tu trabajo

¿Has visto hombre solícito en su trabajo?
Delante de los reyes estará;
no estará delante de los de baja condición.

Proverbios 22:29

¿**C**uánto amas tu trabajo? El trabajo es una bendición y un privilegio que nos da la oportunidad de desarrollar y demostrar nuestras capacidades y talentos. Además, con el salario que generamos en el empleo cubrimos nuestras necesidades personales y familiares, así como nuestros sueños. Por esa razón, nuestra actitud hacia el trabajo debe ser positiva, llena de entusiasmo y de agradecimiento tanto a Dios como a la empresa o a los clientes que servimos.

Es indispensable que descubras cuáles son tus capacidades para que selecciones el trabajo que puedas desempeñar con pasión y con alegría. Cuando Proverbios nos expresa que aquel que es solícito en su trabajo será exaltado y prosperado, se refiere a esa persona que en su vida laboral es rápida, activa, cuidadosa y obra con interés y atención, en todo lo que hace. Martin Luther King Jr., quien fuera pastor y luchador no violento por los derechos de los negros en Estados Unidos, nos hace esa misma exhortación a través de estas palabras: *"Si es llamado para ser barrendero de calles, barra las calles tan bien, que todos los habitantes del cielo y de la tierra se detengan para decir: Aquí vivió un buen barrendero de calles que hizo bien su trabajo"*. No importa cuál sea el trabajo que hayas decidido hacer, hazlo con excelencia, como el barrendero que describe Luther King.

Mujer, ¡decídete a destacarte en tu trabajo por tus extraordinarias ejecutorias! Porque eres responsable, creativa, discreta, te llevas bien con tus compañeros y te esmeras por dar lo mejor de ti en todo lo que haces. Procura siempre hacer todo como si lo hicieras para Dios.

Mujer, apriétate el cinturón y repite:

Trabajo con amor y entusiasmo sin descuidar mi relación con Dios y con mi familia.

Notas:

_____

_____

_____

_____

_____

_____

_____

_____

_____

_____

_____

_____

_____

_____

_____

_____

_____

_____

_____

••••••

El dinero mal
habido pronto se
acaba; quien ahorra,
poco a poco se
enriquece.

Proverbios 13:11, NVI

••••••

Mujer,
¡apriétate el cinturón!

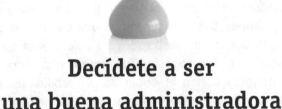

Decídete a ser
una buena administradora

¿De qué le sirve al necio poseer dinero?
¿Podrá adquirir sabiduría si le faltan sesos?

Proverbios 17:16, NVI

La manera como administramos nuestro dinero dice cómo está nuestra vida emocional y espiritual, y muestra cuán sabias somos. Fíjate que en Proverbios se cuestiona para qué nos sirve el dinero si no tenemos sabiduría. Quien no tiene sabiduría no sabrá cómo administrar lo poco ni lo mucho, ni comprenderá que somos administradoras de todo lo que Dios nos ha permitido tener.

Una de las definiciones de la palabra "*administrar*" que más me ha llamado la atención es la que habla de realizar actos mediante los cuales aprovechemos los recursos materiales, humanos y financieros. Para mí, la palabra clave de esta definición es "*aprovechar*" pues significa usar bien; no desperdiciar ninguno de los recursos que tenemos para construir eficazmente nuestra vida. Para ser buenas administradoras, necesitamos evaluar y definir cuáles son nuestras prioridades para planificar cómo usar correctamente nuestro dinero y saber controlar nuestros impulsos cuando vemos algo que nos llama la atención. Debemos evaluar todo el tiempo si estamos siendo serias en la forma en que empleamos nuestro dinero. Es imperativo que tengamos una cuenta de ahorros, porque una buena administradora no solo piensa en el presente sino en el futuro. Estadísticamente hablando, se dice que las mujeres tienen el doble de probabilidades que los hombres de jubilarse pobres. Me atrevo a decir que esto tiene mucho que ver con nuestra debilidad de a veces ser muy emocionales. Necesitamos mantenernos vigilantes siempre para razonar cada paso que damos en la administración de nuestras finanzas.

Recuerdo a la mujer que me confesó que a solo un mes de haberse divorciado conoció a un hombre con quien comenzó una relación amorosa y de inmediato sostuvo relaciones íntimas con él. Él le hizo el consabido cuento de que no tenía a nadie que le ayudara con sus problemas económicos y en cuestión de unas semanas le fue pidiendo dinero prestado hasta dejarla sin un solo centavo de los $40,000 que ella tenía guardados producto de los bienes gananciales de su divorcio. Al cabo de un mes, ya no le contestó más llamadas y se desapareció. Ella terminó llorando desesperada porque no tenía el dinero para cerrar el negocio de una nueva casa que tenía separada y estaban a punto de entregársela. Este ejemplo nos muestra que no podemos ser débiles de carácter ni convertirnos en los bancos que los demás usan para satisfacer sus necesidades. Cada quien tiene que trabajar, administrar bien su dinero y no depender de los ahorros que tienen los demás.

Aprendamos a ahorrar para disfrutar de una vejez digna y con nuestras necesidades cubiertas. Esto no se consigue por casualidad. Necesitamos tener a Dios como centro, estar conscientes de que somos administradoras de lo que Él nos ha provisto y establecer un orden de prioridades de acuerdo a esa convicción. ¡Solo así administraremos sabiamente nuestra vida y nuestros recursos!

Mujer, apriétate el cinturón y repite:

Con Dios como guía, administro sabiamente mis recursos materiales y espirituales.

Notas:

_____

_____

_____

_____

_____

_____

_____

_____

_____

_____

Por lo demás, hermanos, les pedimos encarecidamente en el nombre del Señor Jesús que sigan progresando en el modo de vivir que agrada a Dios, tal como lo aprendieron de nosotros. De hecho, ya lo están practicando.

1 Tesalonicenses 4:1, NVI

Mujer, ¡apriétate el cinturón!

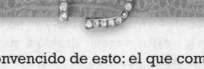

Decídete a salir de tu zona de comodidad

> Estoy convencido de esto: el que comenzó tan buena obra en ustedes la irá perfeccionando hasta el día de Cristo Jesús.
>
> **Filipenses 1:6, NVI**

La zona de comodidad es aquella en la que nos sentimos que estamos en control porque ya la fuerza de la costumbre nos hace ejecutar la acción automáticamente. Ese accionar automático hace que elaboremos los mismos pensamientos todo el tiempo. De esa manera, seguimos haciéndolo todo de manera rutinaria, porque hemos incorporado los mismos pensamientos y actitudes a nuestra memoria y la mente los ha grabado. Ya no necesitas hacer esfuerzo mental al momento de reaccionar y, por tanto, no se crean nuevas redes neuronales. La vida cristiana es contraria a las zonas de comodidad porque la Palabra de Dios nos invita continuamente al cambio. *La Biblia,* en 1 Tesalonicenses 4:1, nos exhorta a vivir de la manera que agrada a Dios. Esto implica salir de nuestra zona de comodidad para aprender y practicar lo que contenta al Señor y por tanto, beneficia nuestra vida emocional. Todo cambio nos obliga a salir de la pereza de practicar lo que ya se hace de manera automática para hacer algo que es nuevo.

Joe Dispenza, un doctor en quiropráctica y un estudioso de la bioquímica del cerebro, explica cómo en la zona de comodidad generamos los mismos pensamientos, que a su vez originan los mismos sentimientos, que desencadenan una serie de reacciones químicas a las que el cuerpo se acostumbra, haciendo que actuemos automáticamente, sin pensar o hacer ningún esfuerzo. ¿Recuerdas cuando aprendiste a guiar? Al principio tenías que pensar cada movimiento que debías ejecutar, pero con el tiempo y la práctica comenzaste a hacerlo todo de forma automática y ya no tienes que estar pensando en los pasos a seguir debido a que entraste en tu zona de comodidad. ¿Cuándo es que alteras esta zona de comodidad? Cuando dejas de hacer lo rutinario y te expones a nuevas experiencias de aprendizaje. Dispenza explica cómo al abandonar el mundo predecible, miles de millones de neuronas se activan haciendo nuevas conexiones que crean las condiciones necesarias para que se operen cambios en nuestra vida y nos podamos superar física, emocional y espiritualmente, ejerciendo nuestra voluntad. Sin embargo, cuando Dios no está en el corazón del hombre, esa voluntad no está sometida a Dios, así que el nuevo conocimiento puede producirse, pero la persona carece de la sabiduría y la luz divina necesarias para ejercer esa voluntad a su favor. Quiere decir que el conocimiento, por sí solo, no hace que las personas cambien. Somos transformados cuando Dios llega a nuestra vida, nos alumbra el entendimiento y adquirimos la capacidad para ejercer nuestra voluntad a nuestro favor.

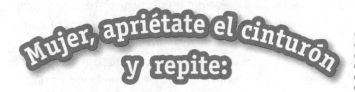

Con Dios en mi corazón, acepto y genero los cambios que transforman mi vida.

Notas:

_____
_____
_____
_____
_____
_____
_____
_____
_____
_____
_____
_____
_____
_____
_____
_____

Semana 50

Que la belleza
de ustedes no sea la
externa, que consiste
en adornos tales como
peinados ostentosos,
joyas de oro y
vestidos lujosos.

I Pedro 3:3, NVI

••••••

Mujer,
¡apriétate el cinturón!

Decídete a vestirte
con decoro

En cuanto a las mujeres, quiero que ellas se vistan decorosamente, con modestia y recato, sin peinados ostentosos, ni oro, ni perlas ni vestidos costosos. Que se adornen más bien con buenas obras, como corresponde a mujeres que profesan servir a Dios.

I Timoteo 2:9-10, NVI

Hay palabras en nuestro idioma que han caído en desuso porque ya no tienen una función real en la vida de muchas personas. Entre esas palabras que casi están en peligro de caer en el olvido se encuentran: *recato, modestia* y *decoro*. Vivimos en la era de lo permisible porque a fuerza de ver hacer lo que va en contra de los principios divinos, las personas se han adaptado a un estado moral mediocre y ven las situaciones indecorosas o deshonestas como algo normal. Es tanto el grado de desensibilización que se ha generado por este tipo de pensamiento, que muchos suelen decir: *"¡Qué de malo tiene, si total todo el mundo lo hace!"*. Por fortuna, para otros, los preceptos divinos siguen siendo vigentes porque la moral, la dignidad y el buen gusto nunca han pasado de moda.

El arreglo personal (sobre todo lo que tiene que ver con la vestimenta) ha sido uno de esos temas controvertibles desde la antigüedad a pesar de que Dios nos dejó unos parámetros para determinar cómo debíamos vestir: *"Lo que sea decoroso, modesto y con recato"*. El diccionario define decoro como *"honestidad, recato, honra, estimación"* y como *"el nivel mínimo de calidad de vida para que la dignidad de alguien no sufra menoscabo"*. La palabra *modesto* la define como *"falta de vanidad o de ostentación"*. Tomando como base estas definiciones, podemos decir que vestir con decoro se refiere a ataviarnos sin que menospreciemos ni afectemos nuestra dignidad mientras que vestirnos con modestia es arreglarnos sin ostentar de lo que tenemos. De ninguna manera *La Biblia* enseña o prohíbe el que la mujer se arregle o el que use ropa costosa (si la puede pagar), lo que prohíbe es deshonrar nuestro cuerpo y hacer alarde de lo que podemos lucir.

En el pasado, los peinados ostentosos y las joyas costosas servían para demostrar la posición social y económica de la mujer y, por esta razón, ellas competían unas con otras alardeando de sus fastuosas prendas de vestir y sus espectaculares alhajas. Así que esta Palabra, que muchas veces se ha interpretado fuera de contexto, lo que hace es recordarle a la mujer que un corazón noble adorna más que cualquier prenda que se pueda comprar con dinero. Insiste en que debemos darle más importancia al vestido interno del corazón, que se manifiesta a través de un espíritu apacible. Es vestirse y arreglarse no para provocar a los hombres sino para lucir bien. Muchas veces vemos mujeres que muestran públicamente lo que pertenece a la privacidad de su cuerpo y en su interior sienten satisfacción porque saben que están siendo deseadas por todos los hombres que las miran. Eso sí significa ostentación y no agrada a Dios ni nos honra a nosotras. Debemos conquistar el amor, el respeto y la admiración de los demás con la inteligencia que Dios nos ha dotado, con la sensibilidad que hemos desarrollado, con el amor que Él ha derramado en nuestro corazón y con la sabiduría que hemos alcanzado, no por las curvas de nuestro cuerpo que hoy están, pero que mañana es probable que no estén.

Procuremos que al salir al mundo podamos demostrar que somos personas especiales y diferentes que no absorbemos ni nos acomodamos a todo lo que dicta el mundo de la moda, sino que nos ataviamos con prendas que van de acuerdo a los principios divinos y que además se amoldan a nuestra figura.

Podemos lucir bien arregladas sin dejar de trabajar la belleza interior. ¡Esta actitud es sabia!

Mujer, apriétate el cinturón y repite:

Mi vestimenta le muestra al mundo la belleza y la verdad de Dios que habita en mi interior.

Notas:

_____
_____
_____
_____

● ● ● ● ● ●

Que su belleza sea más
bien la incorruptible,
la que procede de lo
íntimo del corazón y
consiste en un espíritu
suave y apacible. Esta
sí que tiene mucho valor
delante de Dios.

1 Pedro 3:4, NVI

● ● ● ● ● ●

Mujer,
¡apriétate el cinturón!

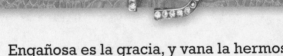

Decídete a ser verdaderamente bella

Engañosa es la gracia, y vana la hermosura; la mujer que teme a Jehová, esa será alabada.

Proverbios 31:30

Vivimos en una sociedad que glorifica y exalta la belleza física. Por esa razón, innumerables veces te sientes decepcionada con la imagen que tienes de ti misma y darías lo que fuera por alcanzar los estándares de belleza de las grandes estrellas del cine y de la televisión. Piensas que serías feliz si tuvieras el rostro de tal artista, con el cuerpo de otra y las piernas de otra. Al añorar lo que otras tienen, pierdes de vista el milagro de vida que eres y no logras ver de cuántos atributos Dios te dotó. Tu valor y tu felicidad no dependen de tus atributos físicos sino de la fuerza interior que se desarrolla cuando conoces tu verdadera identidad.

Mujeres, somos bellas cuando tenemos la seguridad de quiénes somos. Somos las Hijas Amadas del Dios Viviente. Levantemos nuestras cabezas y comencemos a pensar, a actuar y a vivir como personas valiosas que no mendigan el amor ni negocian su dignidad. Cuando tenemos definida nuestra identidad, tenemos paz, cuidamos nuestro cuerpo, nuestra mente y proyectamos una belleza que no se consigue con ningún cirujano plástico. El balance entre espíritu, alma y cuerpo crea la armonía necesaria para lograr proyectar la belleza que Dios depositó en ti.

Además de lucir siempre arreglada y proyectar en todo momento que te sientes bonita, decide comenzar hoy a embellecer tu corazón con los mensajes que salen de la boca de Dios para transformar tu vida. Solo conectándote al Dios que te creó te sentirás amada, segura, afirmada y te aceptarás tal y como eres. Este es el secreto para ser y proyectarnos bellas.

Mujer, apriétate el cinturón y repite:

Hoy decido ver y aceptar todo lo bello que Dios ha puesto en mí.

$\mathcal{N}$otas:

_____
_____
_____
_____
_____
_____
_____
_____
_____
_____
_____
_____
_____
_____
_____
_____
_____
_____
_____
_____
_____

●●●●●●

Aun cuando sea yo anciano y peine canas, no me abandones, oh Dios, hasta que anuncie tu poder a la generación venidera, y dé a conocer tus proezas a los que aún no han nacido.

Salmo 71:18, NVI

●●●●●●

Mujer,

¡apriétate el cinturón!

Decídete a no temerle a la vejez

Él colma de bienes tu vida
y te rejuvenece como a las águilas.

Salmo 103:5, NVI

Vivimos en una época en que se glorifica y se exalta la juventud, mientras que se rechaza, se desprecia y se deshonra la vejez. Por eso vemos que la cirugía plástica ha ganado una popularidad impresionante y cada vez son más las mujeres que se someten a ella con tal de lucir más jóvenes, aunque en su interior estén llenas de amargura y frustración. Si buscas en el diccionario, la definición de *vejez* dice que es *"el último periodo de la vida, edad senil"*. Si continúas tu búsqueda de lo que significa edad senil, verás que se define como *"decadencia física o psíquica"*, pero si insistes en descubrir el significado que se le ha dado a la palabra *vejez* y buscas sus sinónimos, caerás de bruces al suelo cuando leas los siguientes vocablos: *vetusto, viejo, senil, caduco, decrépito, vejestorio, provecto, matusalén*. A esto le podemos añadir que la palabra "viejo" la usamos con frecuencia para referirnos a aquellas cosas que nos resultan inservibles y que, por ende, las echamos a la basura. Es común escuchar que alguien diga: *"Lo voy a arrojar a la basura porque ya está viejo y feo"*. Por tanto, con el tiempo, la palabra "viejo" ha adquirido una connotación despectiva, cuando en realidad es el vocablo correcto para designar una etapa de la vida que debería considerarse como un periodo hermoso y de máxima realización. En Puerto Rico se hizo una campaña de concienciación para usar la palabra "viejo" en lugar de anciano, con la intención de que el vocablo "viejo" tuviese la misma dignidad que la palabra "joven" cuando se refiere a las personas de menor edad. ¿Por qué decir anciano como queriendo ocultar la vejez, si cada etapa de la vida tiene importancia?

Después de investigar la palabra *vejez* en el diccionario, ¿quién querría ser viejo? Creo que ninguna persona quiere ser decrépita o senil ni convertirse en un vejestorio. A esto habría que añadirle que socialmente a la mujer se le considera como un adorno y, con esas definiciones, ¿quién va a querer a una "vieja" de adorno? Fíjate, por ejemplo, que en los noticieros de televisión puede haber "viejos", pero por lo general no hay "viejas". Si hay mujeres de mayor edad deben haberse hecho los suficientes arreglos para que luzcan jóvenes. En los concursos de belleza también las muchachas se hacen infinidad de arreglos. Y es que sobre la mujer recae siempre la presión de lucir joven y bella a cualquier precio no solo en el mundo del espectáculo sino también en el plano de la vida privada. Prueba de ello son las mujeres que han muerto al someterse a cirugías plásticas o liposucciones con médicos no certificados, pero que le hacían el trabajo por el poco dinero que ellas tenían.

¡Qué bueno que el amor de Dios es incondicional! Él nos enseña a través de su Palabra, que aunque el exterior de las personas se va desgastando y envejeciendo, el interior se va renovando. Nos dice que el deterioro corporal no es cuestión de vejez porque aún los jóvenes se cansan, se fatigan, se tropiezan y se caen, pero para los que confían en Dios, hay una promesa preciosa. Explica que Él renovará sus fuerzas, volarán como las águilas (muy alto), correrán y no se fatigarán; caminarán y no se cansarán. Cuando comparo la definición de la palabra *vejez* que ofrece el diccionario, con la promesa tan bella que Dios nos hace, prefiero olvidarme de lo que dice el diccionario y aferrarme y confiar en la Palabra Divina. Mientras la sociedad insiste en lo exterior, Dios insiste en el interior del ser humano y nos asegura que cuando estamos en su presencia nuestra esencia interna se renueva día a día. Con las cirugías plásticas llega un momento en que ya no nos queda nada más que estirar, así que si no permitimos que Dios nos haga una cirugía del alma, los estirones físicos serán en vano. Un corazón en paz con Dios, consigo mismo y con los demás, embellecerá nuestro rostro, aunque tengamos 100 años. Cuando la presencia de Dios nos cautiva (no la religiosidad externa), permaneceremos entusiasmadas, alegres, creando nuevas ideas, no importan los años que vivamos, y esta alegría se proyectará en nuestro rostro.

¿Por qué querer seguir compitiendo con los jóvenes? De la misma manera que el vino adquiere más valor cuando se añeja, debemos pensar que según aumenta nuestra edad vamos ganando más experiencia y adquiriendo más conocimiento. A mis 57 años me siento entusiasmada por la vida, sigo soñando y trabajando para alcanzar otras metas y me siento feliz de quién soy y cómo soy. No he perdido el gusto por arreglarme y lucir bonita, pero no vivo compitiendo con las más jóvenes, ni estoy frustrada porque dentro de dos años y medio me convertiré en una sesentona. Eso sí, me esmero por seguir siendo ágil (todavía monto bicicleta). Le doy gracias a Dios porque renueva mis fuerzas y hasta el último minuto de mi vida voy a tener un sueño por cumplir. Mi espíritu se mantiene joven, los que me advierten que he envejecido son el espejo y la gente con sus clasificaciones de niño, joven o viejo.

La vejez es una etapa de la vida que nos llega a todos, ¿por qué forcejear con ella, si de todas formas esta es tan ágil que siempre nos va a alcanzar? Disfrutémosla con dignidad y alegría. Lo importante es que nuestro corazón no envejezca y que siempre mantengamos una actitud jovial y entusiasta frente a la vida.

¡Tú decides si vas a envejecer por fuera y por dentro! Hace muchísimos años me di cuenta de que no puedo evitar el envejecimiento externo, pero en mi interior siempre puedo vivir en una eterna primavera, disfrutando de la variedad de flores y colores que nos trae cada día.

Mujer, apriétate el cinturón y repite:

El amor incondicional de Dios alegra mi vida, renueva mis fuerzas y rejuvenece mi espíritu cada día.

Notas:

_____

_____

_____

_____

_____

_____

_____

_____

_____

_____

_____

_____

_____

_____

_____

_____

_____

_____

_____

_____

_____

_____

conclusión

Conclusión

Hemos recorrido juntas estas 52 semanas aprendiendo todos los aspectos que debemos considerar e incorporar a nuestra vida si queremos convertirnos en mujeres firmes y de carácter definido. Confío en Dios y en ti, y tengo la certeza de que tu vida ya no será igual después de haberte confrontado cara a cara con cada reflexión. Lo que escribí para ti lo he practicado en mi vida y me ha dado excelentes resultados. Esto no significa de ninguna manera que mi vida ha sido un lecho de rosas y orquídeas. Entre las hermosas flores también me he encontrado con espinas muy largas que me han pinchado profundamente, pero no me han tirado al piso porque el Espíritu Santo de Dios que habita dentro de mí me ha sostenido. Cada momento difícil ha contribuido a formar mi carácter, a probar mi fe y, sobre todas las cosas, a darle ejemplo a mis hijos de la importancia de tener una relación íntima con Dios.

En medio de todas las circunstancias difíciles nunca he perdido la alegría de vivir. Ahora, a mis 57 años y medio, todavía puedo decir que soy una mujer apasionada por la vida que Dios me regaló. Vivo enamorada de mi esposo, quien ha sido mi amante fiel por 35 años y quien me ha acompañado siempre en los momentos felices y en los más tristes. Amo con todo mi corazón a mis hijos y a toda mi familia, ellos son mi mayor tesoro. He disfrutado de todos los roles que he desempeñado en mi vida. Como ama de casa, he gozado de todos mis quehaceres y he saboreado el fruto de lo que es trabajar para nuestra familia en el hogar. Así le he demostrado a mis hijos la bendición que recibimos cuando servimos a otros. Disfruto haciendo una rica comida, limpiando mi casa, sembrando una planta, lavando la ropa porque lo hago para mí misma y para la gente que amo. De repente, voy al salón de belleza, allí me peinan y me maquillan, me visto, me pongo los tacos, y mi esposo y mi familia dicen *"ya la Mujer Maravilla se cambió de ropa"*. Entonces, me convierto en conferenciante, luego me puedo transformar en consejera, en pastora, en animadora o en escritora, o simplemente me siento a tomar café con mi mamá, mis hermanos, mi esposo y mis hijos, y ahí es cuando mi esposo dice: *"se acabó la paz en el vecindario"*, porque hablamos y nos reímos todos a la vez. Pantojas dice que me río tanto que no dejo reír a nadie más, porque cuando empiezo no acabo. Simplemente soy una mujer que ha decidido ser feliz, no importa cuáles sean las circunstancias. Les aseguro que he vivido momentos de profunda tristeza, pero jamás he permitido que la amargura ni la depresión hagan nido en mi vida. Siempre vivo con la fe y la esperanza de que mañana será un día mejor. Además de mi familia, amo a la gente y por eso me apasiona tanto la consejería. Es a través de ella que le puedo enseñar a todos que cuando amamos a Dios y practicamos lo que Él dice en su Palabra, sí se puede ser feliz. Él es quien nos capacita para tomar buenas decisiones y para vivir dignamente.

Me siento una mujer realizada y exitosa en todas las áreas de mi vida, porque he amado y he sido amada. He disfrutado de las cosas simples de la vida y me he dado cuenta de que la vida es tan bella como nosotros decidimos que sea, porque ya Dios así lo ha querido. También he disfrutado del amor de toda la gente que he conocido a través de las presentaciones de mis libros, las conferencias y los programas de radio y televisión en los que he participado. Todavía me falta mucho por hacer porque hasta el último momento de mi vida voy a seguir soñando y continuaré elaborando nuevos proyectos. La mente de Dios es infinita y sus planes para nuestras vidas también, solamente tenemos que ser fieles y obedientes a su voluntad. Así, viviremos siempre de gloria en gloria.

Mujer, si has llegado leyendo hasta aquí, es porque tienes un profundo deseo de hacer cambios en tu vida. Dondequiera que estés, levántate, apriétate el cinturón y actúa siempre de acuerdo a los principios divinos. Solo así vivirás plenamente.

¡Que Dios te bendiga hoy y siempre!

Y recuerda, en todo momento, ¡apriétate el cinturón!

Norma Pantojas

bibliografía

Bibliografía

1. **Biblia de Estudio NVI (2002).**
Miami, Florida, EE. UU.: Editorial Vida.
2. **Biblia para todos. Traducción en lenguaje actual.
(2006).** Miami: Sociedades Bíblicas Unidas.
3. **Dispenza, J. (2008).**
Desarrolle su cerebro: La ciencia para cambiar tu mente.
Buenos Aires: Editorial Kier.
4. **Diccionario de la lengua española (2005).**
Madrid, España: Espasa-Calpe S.A.
5. **La Biblia de estudio MacArthur (2004).**
Grand Rapids, Michigan: Editorial Portavoz.
6. **La Santa Biblia: Edición de promesas (1994).**
Miami, Florida. U.S.A.: Editorial Unilit.
7. **McConnell, G. (2008) (En Internet).**
*Sexo tóxico, relaciones perjudiciales: Una perspectiva
real de la pornografía. En Internet disponible en:*
www.cadaestudienate.com/es/artículos/toxico.html
8. **Mero, Jenny (2008, Marzo).**
*¡Ya basta!: El ciclo de la violencia doméstica puede y debe
romperse. Selecciones* 37- 43.
9. **Pérez Abellán, F. (2002).** *Mi marido, mi asesino.*
España: Ediciones Martínez Roca.

contacto

La autora está disponible para conferencias, seminarios y talleres.

Para contrataciones favor de comunicarse con
Celi Marrero: celimarrero@gmail.com

Para comentarios o sugerencias puedes escribir a:

Norma Pantojas
PO Box 2348
Bayamón, Puerto Rico 00960

www.normapantojas.com
normapantojas@gmail.com